真正地完成人们的生活

教育思想史名篇选读

任晓栋 编

中国美术学院出版社·杭州

学以为己，学以成人

高世名

中国艺术教育研究院的同仁们抱持着一个共同的信念，艺术和教育在根源处是统一的。这不仅由于中文古老的"藝"字，本是一种与教育统一的"种植"和"培育"，而且因为我们坚定地相信，在"学以为己""学以成人"的双重意义上，教育问题就是艺术问题。艺术/教育的共同使命，如蔡元培先生在国立艺术院开学典礼的致辞中所言，是"以爱美的心真正地完成人们的生活"。

"真正地完成人们的生活"，对蔡元培先生来说，其关键在于美育，就是通过艺术与审美之教育，做到"破人我之见，去利害得失"。美之对象，天下为公，可以与人同乐，亦可以使人舍己为群。美感之发动，陶养性灵，激荡情感，可以使人以身许国，不计祸福，以热烈之情感奔赴之。教育之施行，在于引导心灵转向，培养共同关切，点拨经验，更新知见，涵养胸襟，锻造品格。

蔡元培先生所说的美育，跟我们今日所说的艺术/教育声息相通，同时也有所不同。

美育是从对自然、世界的观照中获得审美经验，建立起感性之学，从而涵养人心，其要旨在于人格之养成。而艺术/教育则是引导人们通过诗性的制作完成艺术家之自我，强调生命经验的创造性转化。艺术/教育需要在切身的实行中,在上手的训练和身体的感觉中,贯通手、眼、身、心。在此,艺术创造的过程同时也是自我创造的过程,艺术和教育同归于人的自我发展之生命进程。

对百年前的一代知识分子来说,教育是立人之德,是新民之创造,同时又是营造新生活、建设新社会的方略。正如陶行知先生青年时代的梦想——"以四通八达之教育,创造一个四通八达的社会"。教育由此必须是直面现实、直面问题本身的有为之学、实践之道。就像梁漱溟先生所坦陈的:"我始终不是学问中人,也不是事功中人。我大概是问题中人!"这种面向现实的实践意志是如此强烈,就连经学大师马一浮先生都在《六艺该摄一切学术》中着重指出:"六艺"之教,不是空言,须求实践。

今日之艺术和教育,与蔡先生那代人的心愿已然相去甚远。知识的学科化以及教育者对于现实的高度隔膜,造成了当代学术和艺术的根本问题——"知行不一,身心分离"。身心不得安顿,这不只是知识分子和艺术家的问题,而且是我们所有当代人的集体困境。在这种困境中滋生出的,是新一代中国青年的独特人格:放任自流,却又循规蹈矩;幻想成为世界的漫游者,却受困于高度封闭的自我;他们是"无目的的人",同时又是"人生的精算师"。

面对这样的青年,面对今天艺术界、教育界诸多令人不忍、不愿、不甘之事,艺术/教育何以自处?

当代中国人的身心安顿,是艺术/教育最根本之责任。要为当代人的心灵困境与精神危机寻找出路,首先要解决"知行不一，身心分离"的问题，而这需要有情有义的知识、身心俱足的思想、知行合一的创造。

这样的知识、思想与创造，本应是艺术/教育的真正内涵，它所导向的，是对人之感受力的蒙养和创造力的激发。在当代，欲求感受力之蒙养，首先要在大数据、人工智能的自动化时代中重建"感性之美学"，从而恢复我们对于世界的感觉；欲求创造力之激发，首先要在想象力贫乏的时代里重建"感兴之诗学"，从而解放我们的身心，重启我们的激情和爱欲。

这么多年来，我常常觉得，艺术是无缘无故的爱，而教育则是无怨无悔的爱。那么，我们所说的"艺术/教育"就是两种爱的叠加，其根本是建立起直面现实问题的学与习、道与艺，继而在共同生活中发现生活的目的与可能。因为在"培育"的原始意义上，艺术/教育所朝向的，是一个觉醒着的人，一个对自身的生命处境有所感，对我们的历史因缘有所觉的人，一个创造出人生之目的，确立起自我之责任的人。

目录

序言
学以为己,学以成人 / 高世名   I

"我生有涯愿无尽"   001
"世界无穷愿无尽,海天寥廓立多时"——梁启超的"善变"与"不变"兼梁启超先生诞辰151周年纪念 / 任晓栋   002

破人我之见,去利害得失——蔡元培先生诞辰156周年纪念 / 袁安奇   014

"我生有涯愿无尽,心期填海力移山"——梁漱溟的"深心大愿"兼梁漱溟先生诞辰130周年纪念 / 任晓栋   023

"真正地完成人们的生活"   031
蔡元培:西湖国立艺术院开学式演说词   032
蔡元培:文化运动不要忘了美育   037
蔡元培:全国临时教育会议开会词   041
蔡元培:关于读经问题   049
蔡元培:告北大学生暨全国学生联合会书(节选)   054

"为的是学做人"   060
梁启超:为学与做人   061
孙中山:在广州岭南学生欢迎会的演说(节选)   072
梁漱溟:三种人生态度——逐求、厌离、郑重   081
陶行知:行是知之始   087
马一浮:论六艺该摄一切学术   092

"经师易得,人师难求" 102
韩愈: 师说 103
蔡元培: 孔子之精神生活 110
钱穆: 中国之师道 115
马一浮: 复性书院开讲日示诸生 126
潘光旦: 何为士的教育(节选) 132

"生活即教育" 140
陶行知: 生活即教育 141
约翰·杜威: 拥有一个经验(节选) 153
杜威: 教育是生活的需要 167
梁启超: 美术与生活 180
梁启超: 趣味教育与教育趣味 187

"教育是一种社会过程" 194
杜威: 什么是教育?什么是学校? 195
怀特海: 教育是教人们掌握如何运用
知识的艺术(节选) 203
陶行知: 我之学校观 222
章太炎: 救学弊论(节选) 227
马一浮: 论西来学术亦统于六艺 235
袁世凯、张之洞等: 奏请立停科举推广学校折 242

编后记 250
"已识乾坤大,犹怜草木青" 251

『我生有涯愿无尽』

"世界无穷愿无尽,海天寥廓立多时"
——梁启超的"善变"与"不变"
兼梁启超先生诞辰151周年纪念

任晓栋

梁启超,字宏猷、卓如、任甫,又号任公,是中国近现代最具影响力的人物之一。他是近代中国"百科全书"式的维新先驱人物,现代汉语中诸多"新词"皆出自其文。他也是中国第一个在文章中使用"中华民族"一词的人,一生致力于中国社会改造和国家复兴,虽政治主张多因时而异乃至以"善变"闻名,但"其方法虽变,然其所以爱国者未尝变也"。

1943年,梁启超先生逝世十四周年之际,梁漱溟作《纪念梁任公先生》一文言:"任公的特异处,在感应敏速,而能发皇于外,传达给人。他对于各种不同的思想学术极能吸收,最善发挥。……任公为人富于热情,亦就不免多欲。有些时天真烂漫,不失其赤子之心。其可爱在此,其伟大亦在此。"

梁漱溟评述梁启超一生成就,"不在学术,不在事功,独在他迎接新世运,开出新潮流,撼动全国人心,达成历史上中国社会应有之一段转变"。并且,他将梁启超与蔡元培并举,称"近五十年,中国出了两个伟大人物,一个是蔡元培,一个就是梁启超","其贡献同在思想学术界,特别是同一引进新思潮,冲破旧罗网,推动了整个国家大局"。

"我操我矛以伐我"

1919年冬,一战结束不久,欧洲社会危机日深、罢工风潮涌动;巴黎和会收之以帝国利益的重新分割,国际"新秩序"中战争隐患犹存。梁启超与蒋百里、丁文江、张君劢等旅欧同伴,暂居距巴黎不远的白鲁威。在那个被称为"深山道院"的寓庐,众人读书著述,践履行前志愿,"着实将从前迷梦的政治活动忏悔一番,相约以后决然舍弃,要从思想界尽些微力"。于是,梁启超依其旅欧所见所闻所感,写成《欧游心影录》,蒋百里则撰《欧洲文艺复兴史》。

而后,梁氏又为蒋氏著作撰序,篇幅与正文相当,以《清代学术概论》为题单独成书,成一时佳话。二人虽视角与感悟皆不同,却均树起"以复古为解放"的"文艺复兴"之旗帜,欲以文艺发生之根本探求国族振兴之道路。

此时的梁启超,与昔日倡"泰西之学"以维新吾民的梁启超,主张已颇为不同。

就思想主张而言,梁启超以"善变"闻名于世。其政见与立场、言论与行动,常随时势之变、见识之长而"一变再变"。入世之初,他追随康有为致力维新、鼓吹变法、宣传"西学";戊戌政变后,倡导"破坏主义",历经从"斥后保皇"到"开明专制",从"革命排满"到"虚君共和"之变;辛亥革命后,又历从拥袁到反袁,从护国到拥段直至再造共和之再变。此"善变"与"屡变",虽使以政治家和启蒙者"经世"的梁启超常遭人"非议",却始终有其"不变"之坚守隐伏于内:一为"以天下为己任"之士人精神与新民以新国之志愿；二为"吾尤爱真理"之追求与"求曙光"以改造中国之努力。梁氏曾于《清代学术概论》中言："保守性与进取性常交战于胸中，随感情而发，所以往往前后矛盾，尝自言曰：'不惜以今日之我，难昔日之我。'"其赤诚之心、磊落之意，随之彰显。

是故，戊戌之变后，梁启超"日倡革命排满共和之论"，崇尚法国革命，信奉孟德斯鸠之说，向往美式民主共和之制，视美国为"自由祖国之祖"；并于《清议报》设"自由书"一栏，以激扬之文字，申革命、自由、民权之主张；更与孙中山等革命党人往来密切，商议合作，以图共举义旗。康梁自此分道乃至对立，后梁氏自白曰"吾爱吾师尤爱真理"。然1903年访美归来后，梁启超基于对美国政俗和旧金山华人群体之深察反思，言论主张随之大变，称"惩新党梦乱腐败之状，乃益不敢复倡革义矣"，"中国之亡，不亡于顽固，而亡于新党"。梁氏对"国民性"之悲观与警醒日深，认为凭现有之"国民"难建民主共和之政体，于是转以"开民智"为"维新吾国"之重心。及至1920年初，梁启超旅欧归来，思想再次巨变。对欧战灾难性后果的反思，使其从以"生存竞争，优胜劣败"为信仰，转向以人类互助、社会人格与个人人格之整体向上为追求；并借由对"科学万能"、科学主义之反省，转为探求精神物质调和之法，重审中国文明之世界价值，更试以君子"养性"修身之道，解人类精神生活贫困之危机，祛西洋文明逐物失己、弱肉强食之弊病。梁氏称之为"中国人对于世界文明之大责任"，主张"拿西洋的文明来扩充我的文明，又拿我的文明去补助西洋的文明,叫他化合起来成一种新文明"。这一点,对同游欧洲的张君劢影响甚巨,促成其由社会科学到哲学的思想转向,甚至为此后张氏与丁文江的"科玄论战"埋下因缘。

对于"善变",梁启超曾撰《善变之豪杰》一文自白:"大丈夫行事磊磊落落,行吾心之所志,必求至而后已焉。若夫其方法随时与境而变,又随吾脑识之发达而变,百变不离其宗,斯变而非变矣。此乃所以磊磊落落也。"

萧公权亦曾总结梁氏一生言:"他继承了晚清思想中儒家经世致用的传统,并将这一传统转变成新的人格和社会理想,在不断的'变'里,其宗旨和目的始终不变,'其方法虽变,然其所以爱国者未尝变也'。"

"新民为今日中国第一急务"

1898年10月,戊戌之变后,梁启超出逃日本。在赴日军舰上,虽维新志士之死、维新变法之败,使梁氏忧愤交加,但维新吾国之志依旧、"愿替众生病"之豪情依旧,遂作《去国行》,高唱"前路蓬山一万重,掉头不顾吾其东"。于是,旅日期间,梁启超在广学新知的同时,开始重新思考中国何以维新的问题。1902年,梁启超在日本横滨创办《新民丛报》,在创刊号中述其三大办报宗旨:第一,"取《大学》新民之义,以为欲维新吾国,当先维新吾民";第二,"以教育为主脑,以政论为附从";第三,"以国民公利公益为目的"。自此,梁氏开始以笔名"中国之新民",分期刊载政论长文《新民说》(全文20节,约11万字),强调"新民为今日第一急务",影响中国思想界、教育界数十年。

"新民"主张的背后,是梁启超新教育以强国的国族振兴之路。在此教育道路中,梁启超又历两重转变:从"废科举、兴学校"的教育体制之变,转为"开民智""塑新民"的教育精神之变;从以冒险进取,培养合群之公德为"新民"之要,转向养成健全人格、调和个性与社会性、修身以养私德为"新民"塑造之重心。梁氏的这两重转变,所牵动的亦为近现代中国教育转型之路中的两大转向:从新教育体制之设立向新教育理念之构建转化;从效仿"泰西"、实利取向的以教育救国,向中西"化合"、"学会做人"的以教育立国发展。

维新变法时期,梁启超反思洋务运动三十年却仍人才不出、民智不开之故,将其归因于两点:教育不得法,选士不得法。并尤以后者为要。与此同时,若国家振兴取决于国民教育程度,那么,谁来教育、如何教育便成为关键。这一思考,将"教育救国"的方略导向了教育制度革命——废除科举、建立学校制度。如其在《变法通议》中言,"故欲兴学校,养人才,以强中国,惟变科举为第一义"。由此,梁氏将起自洋务派的教育内容革新,引向了教育制度变革。然而,新的问题随之产生:若政府尚未维新,何以革新教育制度?故而,维新时期的梁启超,尽管欲以教育变革为政治变革之突破口,却在主张上颇有"双关"之意:政治维新有赖教育革新来开民智、造新民,然教育之新却需以政治制度之新为保障;故国家维新之首仍在政治制度、政治机构之革新,而新教育体制之建立实为国家

"变法"之一环。"吾今为一言以蔽之曰:变法之本在育人才,人才之兴在开学校,学校之立在变科举,而一切要其大成,在变官制。"

"双关"的问题终使教育改革难尽其功。故而,戊戌之变后,尽管在张之洞、袁世凯等人的推动下,作为"新政"之一的近代学制开始构建,但旅居日本的梁启超却已将教育变革的目标由学校体制转向至教育理念。何为"新民",或者说国民性改造的问题,赫然显现;"新民"之论,塑"新民"之教,正式开启。1902年,梁启超于《新民说》中言:"维新之本在于新民,苟有新民,则何患无新制度、新政府、新国家。"

然而,"新民"之论提出后,在国民塑造之要旨上,梁启超又有一变。前期的梁启超,在何为"新民"即"国民之资格"的问题上,尤为强调两点:其一,独立品格与冒险精神之树立;其二,合群"公德"之养成。但二者却并非"个"与"群"之对立,而是同归于梁氏以"群"为目标的"国民性"改造上。在梁氏对"群"的强调中,包含三重意蕴:一是国民力量之整合,即团结和凝聚力问题;二是国民政治参与之主动性,此建基于国民之独立人格、追求自由与权利之上;三是新政治共同体之形塑,以前二者之实现为根基,亦为"公德"塑造之根本目标。而在梁氏此时之"新民"内涵与塑"群"理想的背后,则是全球范围内国家竞争、社会"进化"之观念。1903年访美归来后,尤其在欧战之后,梁启超又转为强调修身以涵养健全人格、教育之根本在于"学会做人"。由此,其曾经所批判的中国有"私德"而缺

"公德"以及对儒家道术的质疑批驳，随之发生扭转。修身以养"私德"的儒家道路重归梁氏视野，甚至主张以儒家"仁"之精神为人格修养之根底。于是，在《新民说》近收尾时，梁氏重论"私德"言："欲铸国民，必以培养个人之私德为第一义；欲从事于铸国民者，必以自培养其人之私德为第一义。"此后，他在如何"学会做人"的问题上，亦有一核心观点转向，称"我想把中国儒家道术的修养来做底子，而在学校功课上把它体现出来"。

郑振铎颇欣赏梁氏之"屡变"，曾盛赞之："他之所以'屡变'者，无不有他的最强固的理由，最透彻的见解，最不得已的苦衷。……他的最伟大处，最足以表示他的光明磊落的人格处便是他的'善变'，他的'屡变'。""梁氏始终是一位脚力轻健的壮汉，始终跟随了时代而走的。"

"为我新思想界力图缔造一开国规模"

1917年11月，段祺瑞内阁被迫下台，作为财政总长、进步党首领的梁启超亦随之辞职。他一面回归书斋，致力著述，一面组织学社、广做讲演，积极谋划与推进社会教育事业。1918年10月，梁启超自省"从事政治运动徒劳无功"，在接受《申报》采访时言："自审心思才力，不能两用，涉足政治，势必荒著述，吾自觉欲效忠于国家社会，毋宁以全力尽瘁于著述。"然而，梁氏于政坛重返书斋，却并非退出政治、埋首学问，而是其"雄心大志"之转向——期以文化之力"从根本上改造中国"。这一点，与其在《新民丛报》时期的经世之道颇为相类——试以思想界之巨大影响，推动社会政治之根本革新，即所谓"文字收工，神州革命"。1920年，欧游归来后，梁启超在给女儿的信中说："吾自欧游后，神奇益发皇，决意在言论界有所积极主张。"

梁启超一生勤奋，著述宏富，享年虽仅五十有七，却在与清末民初之时局的响应激荡中留下1400多万字著述，每年平均写作多达39万字。梁氏是中国历史上罕见的"百科全书"式人物，学术研究涉猎甚广，尤以史学研究成就最显。他倡导"史学革命"，提出"新史学"主张，是中国近代史学理论的创建者之一。对于近代中国的所有重要议题，梁氏几乎皆有涉及。其文风大开大合、气势磅礴，世称"新文体"，对彼时国民思想、社会舆论影响之深、范围之广，几乎无人能出其右。胡适对梁启超推崇备至，曾言："使无梁氏之笔，虽有百十孙（文）、黄（兴），岂能成功如此之速耶！"萧公权亦盛赞之，"五四运动的领袖几乎没有一个不曾因读了他的文字而受到启发"。

退出政坛后的梁启超，曾回顾自身多年投身政治改革之经历，以及中国近代社会革新之路，反思其曾秉持的"贤人政治"与精英革命观念，称"真爱国"与"救国之不二法门"应是"从国民全体上下功夫，而不从一部分可以供我利用之人下功夫"。于是，鼓动国民运动，期以之锻炼国民政治意识、民主思想与宪法观念。尽管这一思想与其早年的"开民智"主张以及其后的"新民"之论一脉相承，却亦有不同：由"先觉觉人"之精英启蒙，转向借社会运动以兴国民教育之浪潮。

1920年，游历欧洲归国后的梁启超及其同道者，携一整套涵盖经济、政治、教育、出版等多方面的"文化运动方案",投入新文化潮流,震动"五四"思想界,以致时人感慨"现在的文化事业,被任公包办去了"。梁启超与商务印书馆合作,于北京组织共学社,推出"共学社丛书",着力"译辑新书,铸造全国青年之思想",出版印行西方文艺、学术经典百余种,时人称"出版新文化的书籍,以共学社丛书为最多"。共学社诸人以"培养新人才,宣传新文化,开拓新政治"为宗旨,虽为新文化运动之后来者,却因梁氏之社会影响及其系统性的文化改造方案而自成一系,乃至影响新文化运动之走向。

此后,梁启超等人又成立讲学社,聘请罗素、杜里舒、泰戈尔、杜威等"外国名哲"来华讲学;杜威更在华驻留讲学2年有余,遍及11省,于彼时思想界和教育界影响甚巨,转变学风、激荡新潮,《新教育》杂志甚至为之刊出"杜威专号"。由此,中国教育界大兴讲学之风,杜威的实用主义、罗素的国家社会主义、杜里舒的反机械论唯心主义等,在华兴盛一时,对中国文化界、学术界影响深远。同时,梁氏本人亦于东南、清华、南开等校广做演讲,并任清华国学研究院导师;更接办中国公学、创办自治学院,并曾计划于天津创立文化书院,以弘扬中国文化、塑造新国民精神,亦试以书院教育之法,"补救现代机械式教育之缺憾"。

晚年的梁启超弃政从教,倡导国民教育。正如其在《欧游心影录》中所言:"从前的文明是靠少数特别地位特别天才的人来维持他,自然逃不了'人亡政息'的公例;今世的文明,是靠全社会一般人个个自觉、日日创造出来的,所以他的'质'虽有时比前不如,他的'量'却比从前来得丰富,他的'力'却比从前来得连续。"

1929年1月,梁启超病逝于北京。同年4月,创办于1895年的美国历史学会官方刊物《美国历史评论》,在《史学界消息》栏目中发布梁启超逝世的消息并介绍其生平。其文章结尾处写道:

> 梁先生说:"我十八岁初到上海,第一次拿到一本地图册之前,我不知道世界上有五大洲。"然而就是这个年轻人,以非凡的精神活力和自成一格的文风,赢得全中国知识界的领袖头衔,并保留它一直到去世。表现在他的文风和他的思想里的这种能够跟上时代变迁的才华,可以说是由于他严格执行他自己常常对人引用的格言:"切勿犹疑以今日之我宣判昨日之我。"

"愿替众生病,稽首礼维摩"

自少年起,梁启超便主张:读书治学,首在立志;并尤为推崇顾亭林"天下兴亡,匹夫有责"之志向。他曾对学生言:为学"当思国何以蹙,种何以弱,教何以微,谁之咎欤"。

1894年,21岁的梁启超赴北京参加会试,感于时局,作《水调歌头·拍碎玉双斗》以抒怀言志。

> 拍碎玉双斗,慷慨一何多?满腔都是血泪,无处著悲歌。三百年来王气,举目山河依旧,人事竟如何?百户尚牛酒,四塞已干戈。

> 千金剑,万言策,两蹉跎。醉中呵壁自语,醒后一滂沱。不恨年华去也,只恐少年心事,强半为销磨。愿替众生病,稽首礼维摩。

1898年，梁启超于日本横滨创办旬刊《清议报》。虽轰轰烈烈的"百日维新"终收之以"新法"之废、维新志士之殉，然梁氏振兴吾国之志未减，转以"广民智、振民气"以谋国族振兴之法。《清议报》广销于欧美、日本、南洋等地，尽管在本土遭清廷禁止，却仍居报纸销量之首；至1901年12月停刊，共出100期，梁氏本人于其中发表文章百余篇。黄遵宪盛赞其文字言："惊心动魄，一字千金，人人笔下所无，却为人人意中所有，虽铁石人亦应感动。从古至今，文字之力之大，无过于此者矣。"

1901年，自省于"保教"之弊，梁启超不但"以今日之我对昨日之我宣战"，亦与"康派"分途。在先辈故人"恶其反复""诮其模棱"的责难中，年轻的梁启超树起开民智以救国的旗帜，更作《自勉》诗立志。

献身甘作万矢的，著论求为百世师。

誓起民权移旧俗，更研哲理牖新知。

十年以后当思我，举国犹狂欲语谁。

世界无穷愿无尽，海天寥廓立多时。

参考资料:

1. 梁启超:《新民说》,羽戈校注,北京:文津出版社,2022年。

2. 梁启超:《欧游心影录》,北京:商务印书馆,2014年。

3. 丁文江、赵丰田编:《梁启超年谱长编》,上海:上海人民出版社,2009年。

4. 张灏:《梁启超与中国思想的过渡(1890—1907)》,南京:江苏人民出版社,1995年。

5. 解玺璋:《梁启超传》,上海:上海文化出版社,2012年。

6. 王建军:《教育近代化中的梁启超》,太原:山西人民出版社,2018年。

7. 周月峰:《另一场新文化运动——五四前后"梁启超系"再造新文明的努力》,北京:北京大学出版社,2023年。

破人我之见，去利害得失

——蔡元培先生诞辰156周年纪念

袁安奇

156年前，清同治六年丁卯十二月十七日，即1868年1月11日，蔡元培诞生于浙江绍兴府山阴县（今浙江绍兴）的一个经商世家。蔡家自明朝末年（约隆庆、万历年间），自浙江诸暨迁绍兴府山阴县定居。蔡元培字鹤卿、孑民，又字仲申、民友，曾化名蔡振、周子余，是中国近代历史转折时期的一位重要人物，是中华民国首位教育总长，是兼容中西的思想家，是民主进步人士，同时他也是一位革命者、开国者，一位未竟的美学家、艺术史家、民族学研究先驱。

百年前，在泥沙俱下的现实洪流之中，蔡元培与他的同代人一道为他们所勾画的新生活、新国、新民构建蓝图并提供不同的建国方略，以其敏锐的时代直觉与扎实的学术功底，在中西文化的摆荡中择善而从，把中国文化教育"从封建专制时代摆渡到民主自由时代"。他一生在教育、学术、社会改革等多领域均有建树，首倡"五育"（军国民教育、实利主义教育、公民道德教育、世界观教育、美育），倡导自由思想、民权与女权，致力革除"读书为官"之旧俗，开科学性研究风气。他为发展中国新文化教育事业，建立中国资产阶级民主制度做出了重大贡献，被誉为"学界泰斗、人世楷模"。

一、"学人亦通人"

唐振常先生在《蔡元培传》全书篇末，缀蔡先生自述及时人评语为其作赞曰：

律己不苟，责人以宽；无所不容，有所不为；以美育代宗教，倡科学以救国；志在民族革命，行在民主自由。蔡先生而不名，学人亦兼通人。（一九八三年）

"无所不容，有所不为"原是蔡元培学生黄炎培挽联中的关键词，原联为："有所不为吾师之律己，无所不容吾师之教人。"而后，黄炎培又言："无所不容，其大也；有所不为，其正也。"在1912年发表的《答客问》中，蔡元培曾主张"有所不为而后可以有为"。唐振常将此语定为对蔡元培描画之点睛概括，并自陈其为一大字。"蔡元培之大，包容了他一生所从事的事业。由其胸襟之大，腹内包容了一个古今中外，使得他所从事的事业无一不大。"唐先生认为蔡元培之大，既是其为人之道，也是他的思想内涵。北大只是一个典型。北大之前，蔡元培曾于民国初年任教育总长，着眼就是容纳古今中外，以成其大；北大之后，改革教育部为大学院，实行教育改革，尽管计划执行受阻，但其思想初心及其后续行动仍是有迹可循；再后来创办中央研究院，为中国的科学事业和学术研究奠定了基础，此种种，更可见蔡元培包容古今中外之大。

"学人亦兼通人"。熊月之先生曾在《蔡元培传》的学习笔记中提道，所谓通人，就其狭义而言，在学问上与学术专精之人相对，指学识渊博、贯通古今之人，如东汉王充将儒学之士分为四等，即儒生、通人、文人、鸿儒，其中博览古今者为通人；宽泛言之，通人也可指世事洞明、人情练达之人，即不但"通"古今之学、中西之学，也"通"有字之学与无字之学，为治学、治世闳通之人。

蔡元培曾将"学识通博"之人与"学人"作对，而谓："学人难，惟通人更难。学人惟守先待后，通人则开风气者。"唐振常认为蔡元培同时是一位学人，但是更可贵的，他确是一位通人。学人可贵，通人更为可贵，"如果说学人是守先待后，通人则是承先启后。……对传统批判继承，而又融贯中西，承先启后，为后世开了一条道路。"尤其是在历史转折关头，在这个曾被美国吉尔伯特·罗兹曼（Gilbert Rozman）形容为中国现代化进程之中"面临各项重大改革的前夜"，在中国现代化冲动最为暗流涌动的阶段，蔡元培做出许多开风气之事。作为近代教育事业的奠基人影响着教育、科学、文化方方面面，与他的同代人一道为他们所勾画的新生活、新国、新民构建蓝图并提供不同建国方略，为后世开出一条道路。

梁漱溟曾言："蔡先生一生的成就不在学问，不在事功，而只在开出一种风气，酿成一大潮流，影响全国，收果于后世。"

二、"破人我之见 去利害得失"

在发表于1912年的《对于新教育之意见》中，蔡元培提出"五育"，并运用康德哲学来加以论证作为五育之一的"美育"提出之必要问题。自此之后，美育一直为蔡元培的教育理念之中的重中之重。蔡元培对美育做所的结构性思考，即美育在知性、感性、道德之中的位置，基本是在康德的美学思想的框架（知识、情感、伦理）中形成的，并继承了其"美的超越性与普遍性"这个观点。在五育之中的前三者，即军国民教育、实利主义教育以及公民道德教育，被蔡元培定义为隶属于政治的教育。因为它们都有各自直接的现实目的，对应于康德所谓的"现象界"，是有条件的，有限的，能够被科学所把握的。这三者是军事家、政治家为人民谋求的现世福利。五育中的后两者，即世界观教育与美育，蔡元培将它们看作是超轶于政治的教育，对应于康德的"本体界"。康德的本体，严格来说不是一个对象概念，他强调的是一种否定、限制。蔡元培将它们转化为一种对"现象界"的有限而进行的调解与升华。

为何蔡元培在求得现世安稳的三种教育之外，还要再加上两种更为深远的教育？仅仅以现世幸福为最终目标，是没有办法拥有足够的心力去撑起那些被称为"悲剧性的崇高"的部分行为的，例如杀身成仁、舍生取义、舍己为群等。一个人如果没有强大的精神力量，就不能破生死利害之观念；没有探索精神，没有远大计划，就容易见小利，急近功，纠缠于世间琐碎的"人我之差别"以及"幸福之营求"之中，从而进一步加深人与人之间的隔阂与界分。而蔡元培在五育中的后两者，超轶于政治的教育，想要给予受教育者的正是这样一种能够对现实中的有限性进行调节与升华的力量。但是这个教育本身一定又是立足于现象世界的。这就是它与宗教的差别。美育对于蔡元培而言，之所以具有超越于其他教育的独特之处，正在于美育的对象所具有的超脱性与普遍性，因此美能够"破人我之见、去利害得失"，能够从其根本之上养成人们"高尚纯洁之习惯"，在意识上形成"宁静的人生观",从而达到蔡元培所期冀的人道主义与世界大同。因此,美育作为一种教育,对人的完整人格的形成是非常重要的一种实践方式。

1927年2月,在《创办国立艺术大学之提案》一文中,蔡元培提道:

> 美育为近代教育之骨干。美育之实施,直以艺术为教育,培养美的创造及鉴赏的知识,而普及于社会。……富有革命性之艺术教育,急谋所以振兴之。……美育之目的,在陶冶活泼敏锐之性灵,养成高尚纯洁之人格。……引起学者清醇之兴趣,高尚之精神。

1928年择址杭州西子湖畔创立的国立艺术院(现中国美术学院),是中国的最高美术学府。在4月西湖国立艺术院补行开学典礼演说词"学校是为学术而设"中,蔡元培就"正值北伐,谈美谈艺术,或是建立艺术学院,是否不合时宜"表示道:革命的主要目的,除了打倒军阀、抵御外人的侵略之外,精神上的建设与改造同样重要,艺术上的熏养对于养成一种美的精神与纯洁的人格起到至关重要的作用。因此,"大学院看艺术与科学一样重要。艺术能养成人有一种美的精神,纯洁的人格……。大学院设立艺术院,纯粹为提倡此种无私的、美的创造精神。……所以艺术院不在学生多少,而在能创造。""现在要以纯粹的美来唤醒人的心,就是以艺术来代宗教。大学院在西湖设立艺术院,创造美,使以后的人都移其迷信的心为爱美的心,借以真正地完成人们的生活。"

三、"思想自由 兼容并包"

蔡元培曾这样阐述他的兼容并包思想：

> 大学者，"囊括大典，网罗众家"之学府也。《礼记·中庸》曰：万物并育而不相害，道并行而不相悖。足以形容之。……各国大学，哲学之唯心论与唯物论，文学美术之理想派与写实派，计学之干涉论与放任论，伦理学之动机论与功利论，宇宙论之乐天观与厌世观，常樊然并峙于其中，此思想自由之通则，而大学之所以为大也。

在蔡元培65周岁生日时，中央研究院送了他一幅寿联："萃中土文教之精华于身内，泛西方哲思之蔓衍于物外。"蔡元培的兼容并包，如唐振常所言"实则容纳一个古今中外"，曾被北大同仁称为"古今中外派"。蔡元培25岁成进士，被点翰林院庶吉士，光绪二十年（1894）四月，授翰林院编修。他是从旧学营垒中走出来之人，有着扎实的旧学功底，同时他又具备一种反思精神，他在《学堂教科论》（1902）一书中，从教育角度出发，对清代以降的中国社会及陋俗有透彻观察。从教育的角度出发，他认为"利己主义教育"模式，搭配"科举制度"，一步步强化并且巩固了"鄙、乱、浮、葸、伎、欺"这六字社会的现状。蔡元培试图向业已僵化的教育体系发起挑战，希冀以教育的变革来改造社会。40岁后两度游学欧洲，亲炙文艺复兴人文主义精神及法国大革命后的思潮，跟随冯特（Wilhelm Wundt）学习哲学史，在兰普莱希特（Karl Lamprecht）主持的研究所学习"比较文明史"，吸收德国大学"学术至上""大学独立"等教育精神，研读康德，选听美术史、文明史、文学史课程，广泛游览欧洲各大美术馆、歌剧院,在六个学期中,他选听了四十多门课程。被唐振常称作是"勤奋好学的老学生"。在中西文化中摆荡,以其敏锐的时代直觉与扎实的学术功底择善而从,做出合理选择。

1916年至1927年期间,蔡元培任北京大学校长,革新北大,开"学术"与"自由"之风。在政治上和学术上都兼容并包并有所提倡,方能孕育新思想、新文化。陈独秀曾道:"这样容纳异己的雅量,尊重学术自由思想的卓见,在习于专制、好同恶异的东方人中实所罕有。"其教育模式新颖,不拘一格,教育思想灵活,兼容并包,不因学术争议而排斥,广泛吸收各家所长;任内敦聘专门学者,提倡自由主义的科学研究;组织进德会,挽救奔竞和游荡的旧习。改革北大领导体制和学科、学制设置,创办科研机构,倡导平民教育,首行男女同校。他采取"囊括大典,网罗众家,思想自由,兼容并包"的方针,大量引进新人物,不拘一格招聘众家。"在各派思想学说的激荡下,北大青年学子们的眼界和头脑都被打开了。"当时在北大就读的顾颉刚说:"一些学生正埋头阅读《文选》中李善那些字体极小的评注,而窗外另一些学生却在大声地朗读拜伦的诗歌。在房间某个角落,学生因古典桐城学派的优美散文而不住点头;而在另一个角落,学生则正讨论娜拉离家后会怎样生活……"

北大即开学术研究、思想自由之风气。蔡元培还支持日益兴盛的新文化运动,提倡白话文,赞成文学革命,反对复古主义,倡导以"科学"和"民主"为内容的新思潮。他的努力终使北大成为新文化运动的发祥地,为新民主主义革命的发生创造了条件。

黄炎培曾说:先生于是非之辨,持之最严,平居气度温粹,人对之如饮醇醪。一至评论时事,臧否人物,严气正性,突然忿涌,酒酣耳热,至不可抑止。其见诸行动,义之所在,虽威武不屈。盖先生之个性与其素养使然也。先生基于宏大之宇宙观与严正之人生观,视人类一切行为,苟无背于人道,无害于国家民族,皆在包容之列。苟其有利,身为之倡。其或有害,必斥去之。虽大反习俗,亦所不惜。其长北京大学,百家腾跃,则无所不容,而肃若秋霜。其外著之风度,与内藏之衷曲,知先生者盖深识之。林语堂曾说,蔡先生就是蔡先生。这是北大同仁的共感。言下之意,天下没有第二个蔡先生。别人尽可有长短处,但是对于蔡先生大家一致,再没有什么可说的。论资格,他是我们的长辈,但论思想精神,他也许比我们年轻。论著作,北大教授很多人比他多;但论启发中国新文化的功劳,他比任何人都大。周作人引用同乡老辈寿洙邻先生的话说:"子民道德学问,集古今中外之大成,而实践之,加以不择壤流,不耻下问之大度,可谓伟大矣。"罗家伦说:"千百年后,蔡先生的人格修养,还是人类向往的境界。"傅斯年曾说:"蔡元培先生实在代表两种伟大文化:一曰,中国传统圣贤之修养;一曰,西欧自由博爱之理想。此两种文化,具其一难,兼备尤不可觏。"1940年3月,蔡元培于香港溘然长逝,全国许多城市在此期间举行追悼会。毛泽东发出唁电,誉蔡元培为"学界泰斗,人世楷模"。周恩来评价他"从排满到抗日战争,先生之志在民族革命;从五四到人权同盟,先生之行在民主自由"。

参考资料：

1. 高平叔编：《蔡元培全集》，北京：中华书局，1989年。
2. 高平叔编：《蔡元培年谱》，北京：中华书局，1980年。
3. 唐振常：《蔡元培传》，上海：上海人民出版社，2018年。
4. 梁漱溟：《纪念蔡元培先生——为蔡先生逝世二周年作》，中国人民政治协商会议全国委员会文史资料研究委员会《文史资料选辑》编辑部编《文史资料选辑》第110辑，中国文史出版社，1987年。
5. 黄炎培：《吾师蔡子民悼词》(1940)，中国蔡元培研究会编《蔡元培纪念集》，杭州：浙江教育出版社，1998年。
6. 黄炎培：《吾师蔡子民先生之生平——蔡子民先生传略书后》，北京：中国文史出版社，1995年。
7. 李泽厚：《批判哲学的批判》，北京：生活·读书·新知三联书店，2007年。
8. 维基百科。

"我生有涯愿无尽，心期填海力移山"

——梁漱溟的"深心大愿"兼梁漱溟先生诞辰130周年纪念

任晓栋

梁漱溟（1893年10月18日—1988年6月23日），祖籍广西桂林，原名焕鼎、字寿铭，曾用笔名寿名、瘦民；20岁后取字漱溟，其后以之行世。

他是现代中国最具影响力的人物之一，思想家、教育家、政治家、社会活动家；中国民主同盟缔造者之一、《光明报》创始人等，不一而足。

他常被视为中国第一代"现代新儒家"的代表，被后人冠以"现代三圣""中国最后一位大儒"之誉。但其本人却始终坚称自己是"问题中人"而非"学问中人"，希望后人称他是"一个思想家，同时又是一个社会改造运动者"。

他仅有中学文凭，却被蔡元培聘为北大哲学教授，且被视为中国最早开展系统性中西方文化比较研究的学者之一。其著作《东西文化及其哲学》曾被译成12国文字，带动海外的"中国问题"研究；代表作之一《中国文化要义》，至今仍是社会学专业的重要参考书。

他深研佛学，晚年仍坚称自己是佛教徒。但其一生皆在行动中探索"人活着为什么"和"中国向何处去"两大问题，其投身社会改造的愿力与行动力均远超同辈，是"知行合一"的思想者,更执着于"自任以天下之重"的士人精神。

许纪霖评价梁漱溟称:"从其个人道德到社会理想,梁漱溟是近代中国知识分子中最认真、最执着、最彻底的一个。"

一、"我不认为自己有学问,我的学问就是有主见"

梁漱溟毕生致力儒学,矢志于中国文化的调整复兴,被称为"中国最后的儒家",却是新式学堂的"西学"教育出身。他6岁开蒙读书;7岁进入北京第一所洋学堂——中西小学堂,并学习英文;8岁开始先后就读于公立小学堂、蒙养学堂;13岁入读地安门外顺天中学堂。

梁漱溟曾回忆,14岁时曾遇见一位拉人力车的白发老人,虽勉力前行却仍被坐车人嫌慢以致摔倒,流血染红胡须。他后来又写道:"而我的眼里,也掉出泪来了。"据说,此后他再未坐过人力车。于是,众生疾苦、生命意义的问题进入他的视野,并由之与佛学结缘。

22岁时,梁漱溟发表成名作《究元决疑论》,从佛法与物理的"互相印证"出发,以西学讨论佛学,以"佛性真如"导向对宇宙本体的思考。此文被视为其思想方法的成形,更奠定了他一生的"知行"路线——用自己的方法分析问题,寻找自己的答案。他说:"我不认为自己有学问,我的学问就是有主见。"

"有主见"贯穿甚至带来了梁漱溟极富传奇色彩的一生。

"五四"前后新文化运动风起云涌,反孔思潮席卷全国;他却在执教北大的第一天,对校长蔡元培直言:"我此来除了替释迦和孔子去发挥外,更不作旁的事。"他生在城市,长于城市,接受新式学堂教育,却心系农民,怀"礼失求诸野"之心投身乡建,主张"农业立国"、以建基于乡村的"新礼俗社会"构建中国自己的现代化道路。他致力于儒学,倡导"孔家人生",却念念不忘佛家生活,称自己行的是菩萨道"不舍众生,不住涅槃"。在"批林批孔"运动中,他面对批斗,始终坚称自己"只批林而不批孔",铿锵发声"三军可以夺帅也,匹夫不可夺志也",虽无意作猛士,却自成威风凛凛之气度。

梁漱溟曾在《中国文化要义》中写道,他希望世人如此评价他:"他是一个有思想,且本着他的思想而行动的人。"

二、"吾曹不出如苍生何"

1917年夏初,梁漱溟由苏州、杭州往湖南而后返回北京。在这段旅程中,他亲历南北军阀战乱所带来的民生凋敝、社会混乱,颇为触动。回京后,他撰写了《吾曹不出如苍生何》一文,并自费印刷数千册分发,呼吁社会各界组织国民息兵会,阻止内战,并培植民主势力。该文在北京大学教员休息室亦放有若干册,供人翻阅或自取。当时旧派学者辜鸿铭阅后感叹"有心人哉",后来又回忆说:"这篇文章很得胡适之先生的同情与注意。"时隔数年,他还提起来说,当日见了那篇文章,即在日记上记了一句话:"梁先生这个人将来定会要革命的。"

1924年,31岁的梁漱溟,怀"民族自觉""民族自救"之志,辞去北大教职赴山东曹州办学,开始其以教育通向社会改造之路。1928年撰写《请开乡治讲习所建设和试办计划大纲》提出"乡治"主张，并在广东连续开展10次"乡治"问题讲演，即"乡村十讲"。1929年担任河南村治学院教务长，起草并制订《河南村治学院旨趣书》《河南村治学院组织大纲》《学则课程》。这三个文件此后成为了河南"村治"实验的纲领性文件。1930年发表《中国民族自救运动之最后觉悟》，提出"乡治"与"村治"本质上是一种社会运动和文化运动；并发表《中国问题之解决》，提出解决中国问题的根本是文化改造和民族自救。1931年于山东邹平县创办乡村建设研究院，开始长达7年的乡村建设实验，后被誉为民国乡村建设史上的"邹平模式"。他建立乡村建设实验区与县政建设实验区，以"乡农学校"和"村学—乡学"系统为基础，于乡村社会中，推行包括乡村教育、农业改良、乡建金融、整顿风俗等在内的广义的教育工程。后世研究者评价梁氏的乡建实验与乡村教育称："其设计之精、规模之大、内容之广、细节之富、效果之丰，是令人惊异的。"

梁漱溟认为，解决"中国问题"的根本在于中国人的"自觉"，在于中国文化与民族的再生自救——"开出新道路，救活老民族"。乡村建设运动正是"以乡村为根，以老道理为根，另开创出一个新文化"；从而找到一条在暴力革命之外，新的中国建国之路。可以说，以社会力量、知识分子与民众的结合，完成中国近代以来革命与改良的目标——建立良善的政治制度，是他始终坚持的建国道路。因之，1937年抗战全面爆发，乡村建设实验被迫中断后，梁漱溟立即转而推动爱国团结统一运动;后参与创建中国民主同盟,为调停国共纷争与和平建国奔走不息。1949年新中国成立后,他又选择了"留在政府外边",作为独立观察者和研究者的道路。

1987年,梁漱溟最后一次在公众场合露面,说:"我不单纯是思想家,我是一个实践者。我是一个要拼命干的人。我一生都是拼命干的。"

三、"教育应当是着眼一个人的全生活,而领着他去走人生大路"

1921年,梁漱溟应邀赴山西讲演,发表《东西人的教育之不同》一文,集中讨论教育问题。他认为中西方教育的根本不同在于:中国人偏重情意的教育,而西方人偏重知识的教育;"西洋教育着意生活的工具,中国教育着意生活本身"。此后,"着意生活本身"的"情意教育"成为其教育思想的一大主线,并在实践中落实为"精神陶炼",意在"复兴古人讲学之风,把讲学与社会运动打成一片"。

投身乡建运动之前,梁漱溟曾与同道者暂居北平什刹海,以"精神共同体"的姿态,读书、思考、讲学、讨论,这是后来"朝会"的来源,也是"精神陶炼"的方式。他将"精神陶炼"的要旨,归结为树立人的"深心大愿"。

梁漱溟认为"深心即悲悯",是对己与对人浑融一体的"对人生的悲悯"。这种悲悯因之具有双重意蕴。其一,"对己"之要义在于从"忏悔"发展为"自新",如此才能"自己不打架""对自己有办法"。他认为:"到了悲悯的心境,自己就高超了一层:自己不打架,不矛盾冲突,于是真能忏悔自新,开拓新生命了。"其二,"对人"要"有同情,有了解",不仅包容异己,更能"帮助人忏悔自新"。他主张:"必须把根本不相信人的态度去掉","只有在信任人的路上走去,才可以开出真正的关系和事业的前提来"。

"深心"之上,还有"大愿"。梁漱溟将其阐释为"发大愿心""大的志愿力","要有真问题,不要有假问题;要有大问题,不要有小问题"。"真问题"与"大问题"的关键在于,"超越个体生命",超越"个人的善",从而"感觉个体生命问题以上的问题"。因之,梁漱溟将乡村建设视为"解决中国的整个问题"之起点,将教育视为"改造我们的社会,创造人类新文化"之通途。因此,他的教育事业、社会行动,总是"拼命往大里去",意在"为人类文明未来发展开辟新天地",并勉励他人亦如此处世行事。

"深心"与"大愿",贯穿了梁漱溟毕生致力的"两大问题"——"人生问题"与"社会问题",亦贯穿了他所深思的三个层次——"人与自然的关系""人与人的关系""人与自身的关系"。这最终归结于教育的根本命题:如何"做人"、何以"成人"。

1924年,梁漱溟离开北大赴山东曹州办学。他在曹州中学的《办学意见述略》中说:"我的意思,教育应当是着眼一个人的全生活,而领着他去走人生大路,于身体的活泼、心理的活泼两点,实为根本重要;至于知识的讲习,原自重要,然固后于此。"

四、"我相信世界是一天一天往好里去的"

1918年冬天,梁济(梁漱溟的父亲)与梁漱溟,在谈及关于欧战的新闻时问道:"这个世界会好吗?"梁漱溟回答:"我相信世界是一天一天往好里去的。"梁济说:"能好就好啊!"三天后,梁济沉潭殉道,震动一时。他留下万言遗书说:"国性不存,国将不国。必自我一人殉之,而后让国人共知国性乃立国之必要。……我之死,非仅眷恋旧也,并将唤起新也。"

梁济的死对梁漱溟影响甚巨,甚至成为他由佛入儒的一大重要诱因。自此,梁漱溟以一生的知行,思考和探索如何让中国乃至世界"一天一天往好里去"。

1980年代,美国历史学家艾恺(Guy S. Alitto)教授赴北京采访87岁高龄的梁漱溟。在一次访谈的尾声,艾恺提及当年梁济的问题。梁漱溟说,"我好像是一个乐天派","事实要发展,发展总是好的,我认为发展总是好的"。

此后,艾恺将采访录音整理成书,即《这个世界会好吗?——梁漱溟晚年口述》。他评价梁漱溟道:"梁先生以自己的生命去实现对儒家和中国文化的理想,就这点而言,他永远都是独一无二的。""就算再过一百年,梁漱溟先生仍会在历史上占有重要的地位,不单单因为他独特的思想,而且因为他表里如一的人格。"

1988年6月23日,梁漱溟病逝于北京市协和医院,享年95岁。弥留之际,他说:"我累了,我要休息。"张岱年由之评论:"大哉死乎,君子息焉。"冯友兰亦撰挽联道:"钩玄决疑，百年尽瘁，以发扬儒学为己任；廷争面折，一代直声，为同情农夫而执言。"

晚年的梁漱溟，在接受艾恺的采访中说："我可能比其他的普通人不同的一点，就是我好像望见了，远远地看到了，看到了什么呢？看到了王阳明，看到了孔子……在雾中远远地看到孔子是怎么回事，王阳明是怎么回事，远远地看见。"

参考资料：

1. 梁漱溟：《我生有涯愿无尽：漱溟自述文录》，上海：上海人民出版社，2013年。
2. 梁漱溟：《忆往谈旧录》，上海：上海人民出版社，2016年。
3. 梁漱溟：《教育与人生——梁漱溟教育文集》，北京：当代中国出版社，2012年。
4. 艾恺：《这个世界会好吗？——梁漱溟晚年口述》，北京：生活·读书·新知三联书店，2015年。
5. 艾恺：《吾曹不出如苍生何：梁漱溟晚年口述》，北京：外语教学与研究出版社，2010年。
6. 艾恺：《我们从何处来：梁漱溟晚年口述》，北京：外语教学与研究出版社，2018年。
7. 艾恺：《最后的儒家——梁漱溟与中国现代化的两难》，王宗昱、冀建中译，南京：江苏人民出版社，2011年。
8. 钱理群：《读梁漱溟》，《志愿者文化丛书·梁漱溟卷》（导读），北京：生活·读书·新知三联书店，2018年。
9. 杜骏飞等：《最后一个士大夫》，微信公众号"杜课"。
10. 维基百科。

『真正地完成人们的生活』

蔡元培：西湖国立艺术院开学式演说词

按 语

本文是蔡元培先生在1928年春于西湖国立艺术院开学典礼上的演说词，由刘开渠记录。

在此篇演讲中，蔡元培先生首先说明了为何要将西湖国立艺术院建立于杭州西湖之畔。人皆有爱美之心，但单靠自然美不能完全满足人的爱美欲望，于是依傍着具有独特自然美的西湖，建立一所以创造纯粹的美来唤醒人心的艺术院是极其有必要的。并且蔡元培先生希望世人能够"以爱美之心真正地完成人们的生活"。此时正值北伐，谈美谈艺术，或是建立艺术学院，是否不合时宜？蔡元培先生认为，革命的真正目的，除了打倒军阀、抵御外人的侵略之外，精神文化的改造同样重要，艺术上的熏养对于养成一种美的精神与纯洁的人格有着至关重要的作用。

最后，蔡元培先生秉持着他从德意志大学精神中沿袭而来的大学观，认为学校是纯粹的学术机关，同时为学生与教师所立，研究与传授并存。因此艺术院是纯为艺术的，既是教授艺术技法的场所，同时也是师生共同研究创作之处。

袁安奇

学校是为研究学术而设

——西湖国立艺术院开学式演说词
(1928年4月16日)

蔡元培

今天是艺术院补行开学式。大学院为什么在这个时候、这个地方设立艺术院?平常,西湖有很多的人来,远些来的人,可分两种:一是游览,一是为烧香。游览的人,是因为西湖风景很美丽,天气很温和,所以相率来游,以满足其私人的爱美欲望。(另)一种是烧香的人,烧香的人为什么一定要来西湖拜佛呢?西湖的寺庙最多,所以他们都来了。但是为什么这些寺庙都建筑在风景美好的湖山之中呢?宗教是靠人心信仰而存在的,但是宗教是空空渺渺的,不能使人都信,(要想)永久维持着他的势力,故必须借着优美的山林,才能无形之中引诱一般人来信他的。一般人之所以拜佛,而又必定相率来西湖的,虽其信心觉得是为佛而来,实际上他们的潜在主因,仍就是为西湖的风景好才来的,也就是因为借此能满足他们的爱美欲望才来的。自然美不能完全满足人的爱美欲望,所以必定要于自然美外有人造美。艺术是创造美的,实现美的,西湖既有自然美,必定要再加上人造美,所以大学院在此地设立艺术院。宗教是靠着自然美,而维持着他们的势力存在。现在要以纯粹的美来唤醒人的心,就是以艺术来代宗教。因为西湖的寺庙最多,来烧香的人也最多,所以大学院在西湖设立艺术院，创造美，使以后的人都移其迷信的心为爱美的心，借以真正的完成人们的生活。

现在最重要的是北伐，有人以为在这紧张的时候，不必马上设立艺术院。但事实上，大家的革命主要目的，不纯在消极地打倒军阀，抵御外人的侵略，而在三民主义的积极建设起来。三民主义，无非为民生而设，总理四十年的革命，可说最后的目的是在民生问题。但文化与物质生活之改造同样重要。原始的人类，于艰难苦斗的生活中，仍有纹身、雕刻、装饰器物的精神生活之需要，可见文化与物质生活同时发生，同样重要。生活问题既有物质与精神的两种，那么我们为民生问题而有的国民革命，必须于打倒阻碍民生进行的北伐工作之外，同时兼备精神上的建设，将来方能有完满的成功。再就目前事实上说，我们的北伐军也必须有美的、纯然无私的、勇敢的艺术精神，然后才能真的胜利。如法国人在欧洲大战，因他们以前有艺术的陶养，故有那样从容不迫的精神。

大学院看艺术与科学一样重要。艺术能养成人有一种美的精神，纯洁的人格。艺术美，照日本人译来的西洋语有两种，一是优美，一是壮美。优美能使人和蔼，安静，对于一切能持静，遇事不乱，应付裕如。壮美使人有如受压迫，如瞻望高山，观览广洋狂涛，使人感到压迫，因而有反抗，勇往直前，一种大无畏的精神，奋发的情感。法国在优美之中养育，故不怕一切，虽强兵临于巴黎近郊，而仍能从容不迫，应付敌人。德人则壮美，他们做事，一往直前，气盖一世。我们北伐军必须有这两种精神，才能一切胜利。现在北伐军中有艺术科，也就是想以艺术精神来陶养军人，使他们有美的、纯然无私的勇敢精神，使北伐胜利。

人类有两种欲望：一是占有欲，一是创造欲。占有欲属于物质生活，为科学之事。创造欲为纯然无私的，归之于艺术。人人充满占有欲，社会必战争不已，紊乱不堪，故必有创作欲，艺术以为调剂，才能和平。艺术纯以创作为主，无现实上的一切因占有欲而起的束缚，艺术家不要名誉、财产，不迎合社会，因此中外的艺术家，每每一生很苦。中国古话说：文人贫而后工。并不是贫而后工，是去掉了一切个人的、现实的私欲，而能纯以创造为主才工。大学院设立艺术院，纯粹为提倡此种无私的、美的创造精神。所以艺术院不在乎学生多少，而在能创造。能创作，就是一个学生也可以。不能创作，一百、一千个学生也没有用。艺术院的林先生及教职员，他们都是有创作能力的人，希望他们自己去创作，不要顾到别的。

大家要认明白，艺术院不但是教学生，仍是为教职员创作而设的。学生愿意跟他们创作的就可以进来，不然不必来这里。这次的风潮，不是真的学生，是有别的政治作用，已经为浙江省政府除去。你们可以安心上课，教职员努力创作。不愿跟着教职员创作的学生，想作别的政治活动的学生，可以离开这里，到别处去，到社会上去做政客，不要妨碍他们创作。总之，艺术院是纯为艺术的，有天才能创作的学生，一万不为多，一个不为少。

来宾、新闻记者也请注意：学校为纯粹的学术机关，神圣之地，一个学生没有也不要紧；教职员能创作，一样可以办下去。不要以为学生少了，就不成学校，这一点大家不要误会了。艺术院的教职员诸先生，要大家一致的努力创作，不要看见发生了一点小事，就怕起来。嗣后再有什么不正当的活动，有浙江省政府来防御、制止。学生要安心上课，教职员诸先生一致创作，供之于社会，这是大学院所最希望的。

(刘开渠笔记)

刊1928年《中央日报》副刊第9号

蔡元培：文化运动不要忘了美育

按 语

蔡元培先生此文，首发于1919年12月，正是新文化运动勃兴之时。彼时中国社会危机深重，知识分子与革命者皆高扬"科学"与"民主"两大旗帜，以求救亡图存、国族振兴。然而曾任教育总长、北京大学校长的蔡元培，却在此时再次倡导"美育"，并言"文化运动不要忘了美育"。这便带来一个问题，出身翰林亦曾投身革命的蔡元培，长怀社会再造之志，为何在此主流思潮之外再提"美育"？或者说，在国家重建、社会改造的当务之急下，"美育"的深层意义何在？

在本文中，蔡元培给出了回应：超越利害、融合人我。这也是他倡导美育的重要根由。而在其另一教育名篇《美育与人生》中，他又进一步引出了"超越利害、融合人我"背后更为根本的目标——天下为公。

也就是说，对于在中国首倡"美育"的蔡元培而言，美育的意义显然不止于艺文之教、审美之途，陶养情感、涵养心灵的意义，最终通向了树立国民的"天下为公"之志，并以之为实现中国文化进步、社会重建的基础。这就引出了第二个问题，为何美育可以通向"天下为公"？这便指向了蔡元培于本文中所提出的国人投身文化运动时常见的三种"流弊"——利害、私欲与功利计较之心的牵绊。这三种"流弊"的根源均在于"计算"之心，以及随之而来的"私"与"隔"。同时代的梁漱溟亦曾藉由"大私"与"大公"之辩提出，计算或计较之心，不仅表现为个人私利，即便在"先忧后乐"的士人精神中亦隐藏着得失计较之虑,"苦乐"问题因之而生。这便导向了蔡元培于文中所说的第三种"流弊"——因"主义"受挫而生厌世之心。

在蔡元培看来,"美之对象"所有包含的"普遍"与"超越"两大特征,使美育具有了通向超越价值或"出世间之思想"的意义,因之可以"超越利害、融合人我",使人"保持一种永久平和的心境"。亦即,超越"现象界"的得失利害与人我之别。故而,美育可从根源处化解文化运动之"流弊",进而以真正的"为公"实现文化重塑、社会重建之大目标。这一点,正是此文的核心所在,也是蔡元培呼吁"文化运动不要忘了美育"的关键缘由。

任晓栋

本文选自《蔡元培教育名篇》,教育科学出版社,2013年。

文化运动不要忘了美育

蔡元培

现在文化运动,已经由欧美各国传到中国了。解放呵!创造呵!新思潮呵!新生活呵!在各种周报上,已经数见不鲜了。但文化不是简单,是复杂的;运动不是空谈,是要实行的。要透澈复杂的真相,应研究科学。要鼓励实行的兴会,应利用美术。科学的教育,在中国可算有萌芽了。美术的教育,除了小学校中机械性的音乐、图画以外,简截可说是没有。

不实用美术的教育,提起一种超越利害的兴趣,融合一种划分人我的僻见,保持一种永久平和的心境;单单凭那个性的冲动,环境的刺激,投入文化运动的潮流,恐不免有下列三种的流弊:(一)看得很明白,责备他人也很周密,但是到了自己实行的机会,被小小的利害绊住,不能不牺牲主义。(二)借了很好的主义作护身符,放纵卑劣的欲望;到劣迹败露了,叫反对党把他的污点,影射到神圣主义上,增了发展的阻力。(三)想用简单的方法,短少的时间,成就他的极端的主义;经了几次挫折,就觉得没有希望,产生厌世观,甚且自杀。这三种流弊,不是渐渐发见(现)了么?一般自号觉醒的人,还能不注意么?

文化进步的国民,既然实施科学教育,尤要普及美术教育。专门练习的，既有美术学校、音乐学校、美术工艺学校、优伶学校（指戏剧学校）等，大学校又设有文学、美学、美术史、乐理等讲座与研究所。普及社会的，有公开的美术馆或博物馆，中间陈列品，或由私人捐赠，或用公款购置，都是非常珍贵的。有临时的展览会，有音乐会，有国立或公立的剧院，或演歌舞剧，或演科白剧，都是由著名的文学家、音乐家编制的。演剧的人，多是受过专门教育，有理想、有责任心的。市中大道，不但分行植树，并且间以花畦，逐次移植应时的花。几条大道的交叉点，必设广场，有大树，有喷泉，有花坛，有雕刻品。小的市镇，总有一个公园。大都会的公园，不只（止）一处。又保存自然的林木，加以点缀，作为最自由的公园。一切公私的建筑，陈列器具，书肆与画肆的印刷品，各方面的广告，都是从美术家的意匠构成。所以不论哪一种人，都时时刻刻有接触美术的机会。我们现在，除文字界稍微有点新机外，别的还有什么？书画是我们的国粹，都是模仿古人的。古人的书画，是有钱的收藏了，作为奢侈品，不是给人人共见的。建筑雕刻，没有人研究。在嚣杂的剧院中，演那简单的音乐，卑鄙的戏曲。在市街上散步，只见飞扬尘土，横冲直撞的车马，商铺门上贴着无聊的春联，地摊上出售那恶俗的花纸。在这种环境中讨生活，怎么能引起活泼高尚的感情呢？所以我很希望致力文化运动诸君，不要忘了美育。

据《晨报副镌》1919年12月1日

蔡元培:全国临时教育会议开会词

按 语

1912年7月10日,初成立的中华民国政府于北京召开临时教育会议,首任教育总长蔡元培主持会议。此次会议意在就民国教育之定位与改革,征求全国教育家意见,以谋现代中国教育事业之发展。在会议的开幕式上,蔡元培做此演讲,从民国教育与专制时代教育之不同的辨析出发,提出对新教育特质和教育改革方向的主张。1912年7月20日的《民立报》载:"蔡总长演说洋洋数千言,颇为精辟,其辨别民国教育所以与专制时代不同之点,大抵谓专制时代由上特定一种教育主义,而以利禄诱人民以就之,民国教育当视各种人民而施以各种相当之教育主义,当以人民一方面为重。"

然而,蔡元培在发表此演讲的当日,即与宋教仁、王宠惠、王正廷,一同向总统袁世凯提出辞职,7月14日获免教育总长一职。

在此演讲中,蔡元培对于民国教育之要旨,特别强调两点。其一,摒除"利己主义",尤以掌权者或当政者之"利己主义"为甚;其二,以树立国人"道德心"为教育家"百世不迁之主义",以去除国人"自大"与"自弃"之旧弊,为教育系统改革之考量。这两大要点,共同指向了蔡元培在教育理念和教育改革上的根本出发点——作为新国家之公民的"人"的挺立。基于此,他强调民国的教育方针,"应从教育者本体上着想",而非从当政者之需出发。尽管，在此教育主张的背后，或亦藏有对袁世凯政府专制"驭民"之忧。如其开篇所言："此次议决事件"，"即使间有不能实行者，然为本会已经议决之案，将来亦必有影响"。但值得注意的是，蔡氏对民国公民的养成，强调了公民之"责任""义务"——公民种种"能力"之养成，意在使其能克尽种种"责任"。于是，蔡氏在教育中"为公"的倾向得以突显。并且，这种"公"是通向"天下为公"的世界主义的，是超越一国政府之"私利"的，甚至主张公民对国家之责任应以"对世界之责任无冲突"为范围。这一点，直通其"教育独立议"（蔡元培主张教育事业应超然于政党政权），后来的钱穆等人亦持此论。

正基于此，蔡元培在其著名的"五育并举"主张中，以公民道德为中心——世界观与美育意在完成道德，而军国民教育和实利主义则以道德为根本。亦即，在蔡氏眼中，彻底超越"利己主义"而导向"天下为公"之世界主义的道德心，方为新国民的立身之本，也是国族振兴、国家再造的长远倚仗。这与他于同年2月发表的《对于新教育之意见》中所述其倡世界观教育与美育之缘由——使公民道德超轶于政治——颇有一脉相承、前后呼应之意。由此，他对于民国公民的设想或定位亦随之显现——独立自主之道德主体，而非"权利—义务"之对立关系中的权利主体。

与此同时，蔡元培从破除中国人随保守心而来的"自大"与"自弃"出发，主张废止经科与读经，将经科分入文科之文、史、哲三门。这也意味着以学问和知识教育的立场，对以经学为核心的中国传统文化之重审与转化，更直接导向了中国现代学术体系与教育体制之建构。事实上，尽管蔡元培在发表此演讲后即辞任教育总长,但其中的教育理念和主张要求,却在他执掌北大时期得以施行——支持新文化,倡导学术研究,践行"思想自由,兼容并包",并且实行教授治校。

以上为本文的大致背景与相关内容延展。

任晓栋

本文选自《蔡元培教育名篇》,科学教育出版社,2013年。

全国临时教育会议开会词

蔡元培

今日之临时教育会议,即中华民国成立以后第一次之中央教育会议。此次会议,关系甚为重大,因有此次会议,而将来之正式中央教育会议,即以此次会议为托始。且中国政体既然更新,即社会上一般思想,亦随之改革;此次教育会议,即是全国教育改革的起点。此次议决事件,如果能件件实行,固为重要关系;即使间有不能实行者,然为本会已经议决之案,将来亦必有影响。诸君有远来者,即或在近处者,亦是拨冗而来,均以此次会议关系重大之故。

民国教育与君主时代之教育,其不同之点何在?君主时代之教育方针,不从受教育者本体上着想,用一个人主义或用一部分人主义,利用一种方法,驱使受教育者迁就他之主义。民国教育方针,应从受教育者本体上着想,有如何能力,方能尽如何责任;受如何教育,始能具如何能力。从前瑞士教育家(沛斯泰洛齐)有言:昔之教育,使儿童受教于成人;今之教育,乃使成人受教于儿童。何谓成人受教于儿童?谓成人不敢自存成见,立于儿童之地位而体验之,以定教育之方法。民国之教育亦然。君主时代之教育,不外利己主义。君主或少数人结合之政府,以其利己主义为目的物，乃揣摩国民之利己心，以一种方法投合之，引以迁就于君主或政府之主义。如前清时代承科举余习，奖励出身，为驱诱学生之计；而其目的，在使受教育者皆富于服从心、保守心，易受政府驾驭。现在此种主义，已不合用，须立于国民之地位，而体验其在世界、在社会有何等责任，应受何种教育。

社会逃不出世界，个人逃不出社会。世界尚未大同，社会与世界之利害未能完全一致。国家为社会之最大者，对于国家之责任与对于世界之责任，未必无互相冲突之时，犹之对于家庭之责任与对于国家之责任，不能无冲突也。国家、家庭两种责任，不得兼顾，常牺牲家庭以就国家；则对于国家之责任，自以与对世界之责任无冲突者为范围，可以例而知之。至于人之恒言，辄曰权利、义务。而鄙人所言责任，似偏于义务一方面，则以鄙人对于权利、义务之观念，并非相对的。盖人类上有究竟之义务，所以克尽义务者，是谓权利；或受外界之阻力，而使不克尽其义务，是谓权利之丧失。是权利由义务而生，并非对待关系。而人类所最需要者，即在克尽其种种责任之能力，盖无可疑。由是教育家之任务，即在为受教育者养成此种能力，使能尽完全责任，亦无可疑也。

当民国成立之始，而教育家欲尽此任务，不外乎五种主义，即军国民教育、实利主义、公民道德、世界观、美育是也。五者以公民道德为中坚，盖世界观及美育皆所以完成道德，而军国民教育及实利主义，则必以道德为根本。我国人本以善营业闻于世界。侨寓海外，忍非常之困苦，以致富者常有之，是其一例。所以不免为贫国者，因人民无道德心，不能结合为大事业，以与外国相抗；又不求自立而务侥幸。故欲提倡实利主义，必先养其道德。至于军国民主义之不可以离道德，则更易见。我国从前有勇于公战、怯于私斗之语。现在军队时生事端，何尝非尚武之人由无道德心以裁制之故耳。教育者，非为已往，非为现在，而专为将来。从前言人才教育者，尚有十年树木、百年树人之说，可见教育家必有百世不迁之主义，如公民道德是。其他因时势之需要，而亦不能不采用，如实利主义及军国民主义是也。吾人会议之时，不可不注意。

又有一层，我中国人向有一弊，即是自大；及其反动，则为自弃。自大者，保守心太重，以为我中国有四千年之文化，为外国所不及，外国之法制皆不足取；及屡经战败，则转而为崇拜外人，事事以外国为标准，有欲行之事，则曰是某某国所有也。遇不敢行之事，则曰某某等国尚未行者，我国又何能行？此等几为议事者之口头禅，是由自大而变为自弃也。普通教育废止读经，大学校废经科，而以经科分入文科之哲学、史学、文学三门，是破除自大旧习之一端。

至现在我等教育规程，取法日本者甚多。此并非我等苟且，我等知日本学制本取法欧洲各国。惟欧洲各国学制，多从历史上渐演而成，不甚求其整齐划一，而又含有西洋人特别之习惯；日本则变法时所创设，取西洋各国之制而折中之，取法于彼，尤为相宜。然日本国体与我国不同，不可不兼采欧美相宜之法。即使日本及欧美各国尚未实行，而教育家正在鼓吹者，我等亦可采而行之。我等须从原理上观察，可行则行，不必有先我而为之者。例如十三个月之年历，十二音符之新乐谱，在欧美各国为习惯所限，明知其善而尚未施行，我国亦不妨先取而行之。学制之中，间亦有类此者。

此刻教育部预备之议案，大约有四十余种之多。第一类，是学校系统；第二类，是各学校令及规程；第三类，教育行政之关系；第四类，学校中详细规则；第五类，大概含有社会教育性质。

其中有一大问题，是国语统一办法。现在有人提议：初等小学宜教国语，不宜教国文。既要教国语，非先统一国语不可；然而，中国语言各处不同，若限定以一地方之语言为标准，则必招各地方之反对，故必有至公平之办法。国语既一，乃可定音标。从前中央教育会且提出此案，因关系重要，尚未解决。

此外，又有种种问题，不能单从教育界解决者。如前清学部主张中学以上由中央政府直辖；中学以下，归地方政府管辖。日昨有几位谈及，谓废府以后，中学校应归省立或县立。此等须俟地方官制颁布后，始能规定。现在只能假定一划分之方法，即如中等以上教育，取给于国家税，或以国家产业作基本金；中等以下，取给于地方税，或用地方产业作基本金。亦只能为假定之方法。

诸君此次来京，想亦有许多议案提出。其间与本部及他议员提出之问题略同者，可以合并讨论。此次临时教育会议，时期甚短，而议案至多。若讨论过于繁琐，恐耽误时间，不能尽议。盖诸君多半担任教育事务者，即使延会，恐亦不能过于延长。所以，希望诸君于议案之排列，将重要者提前开议。又每案之中，先摘出重要诸点，详细讨论；其他无关宏旨者，不妨姑略之。鄙人今日所欲言者止此。

据《教育杂志》第4卷第6号，1912年9月

蔡元培:关于读经问题

按 语

中国教育制度的根本性变革与近现代转型,始自清末的癸卯学制。

分科课程的设立,是近现代教育制度的一大重要特征。癸卯学制颁布时,课程分科已被国人接受,尤其是以知识分类、学术分科为特征的"西学"。但较之"西学","中学"因其固有体系庞大且与"西学"之分科原则迥异,而极难进行课程的分科设置。经对比权衡,清末的教育改革者们最终决定在中小学堂确立两个主要学习科目:一为"修身",二为"读经"。

1912年2月,蔡元培发表《对于教育方针之意见》,详细阐述其以"五育"为核心的教育理念。同年7月,南京临时政府教育部召开全国教育会议,讨论学制改革问题;并于9月开始,陆续发布一系列学校令,史称壬子癸丑学制。

较之清末,民初学制改革在课程上的最大变化在于,废除了中小学和大学中的"读经"科,将"经科"分入文科的哲学、史学、文学三门。这一改革在当时引起极大且持久的争议,为此,蔡元培专门撰文阐释对读经问题的看法。他认为,废除"读经"的主要原因有二:其一,经书中有较多不合于现代事实和价值观念的主张,故不宜以此教育青少年学生;其二,经书叙述所用之语,多有现代人不易理解之处,故不宜让儿童少年"硬读"。同时,经书中"有用的格言",对于中小学生亦过于抽象以致无法理解,需要进行转译、举例来阐释。这便是本文的由来。

值得注意的是,尽管蔡元培赞成大学中讲一些经书,如《诗经》《论语》等,但在废除"读经"科的问题上,大中小学并无二致。因此,在大学层面,他以"西学"的分科制,将传统"经学"的内容,分散于各个现代学科中,如《诗经》归于国文系,《书经》《春秋》归于历史系,《论语》《孟子》《易传》《礼记》归于哲学系。

这一"经学"分科之举,背后的意义颇为复杂深远。其表面与"致用"的一层意义在于,为社会的现代转型与民主共和之价值观念的确立做助力。基于此,对文化传统进行重估,抽取其中的"合理"部分(如"有用的格言")纳入共和体系,整合进"民主共和"的精神价值和社会导向中。这一点,与蔡氏本人对"修身"科的课程内涵调整——由"圣贤之道"转为"共和国优美高尚之国民"的培养,相互呼应。而其更深层甚至具有"颠覆性"的意义在于,教育与学术从癸卯学制的"中体西用",向"纳中入西"乃至"西体中用"转向,"中学不能为体"的"不归路"愈加明显。然而,再细究一层,这条"不归路"的发端,其实在"中体西用"中便已露端倪。一方面,中国人"体用一元"的传统观念和"由用识体"思维方式,极易带来由"西用"向"西体"的追慕和转向。另一方面,"中学为体"意味着体用分离,以经书为代表的"中学"已退居于"内圣"之学,也就宣告了士人长期以来"外王"努力的最终失败。这也可视为废除科举之外,"内圣外王"之路断裂,或者说"内圣"与"外王"两分的另一大根源。由此,蕴含在"经学"传统中的圣贤理想与"内圣外王"之道,也随着新教育观念和教育体制,以及课程、学术之分科制度的全面推行,迅速向现代学术体系和旨在高尚国民塑造的修身之学转化。

以上为本文的相关背景与延伸讨论。

任晓栋

本文选自《蔡元培教育名篇》,教育科学出版社,2016年。

关于读经问题

蔡元培

读经问题,是现在有些人主张:自小学起,凡学生都应在十三经中选出一部或一部以上作为读本的问题。为大学国文系的学生讲一点《诗经》,为历史系的学生讲一点《书经》与《春秋》,为哲学系的学生讲一点《论语》《孟子》《易传》《礼记》,是可以赞成的。为中学生选几篇经传的文章,编入文言文读本,也是可以赞成的。若要小学生也读一点经,我觉得不妥当,认为无益而有损。

在主张读经的人,一定以为经中有很好的格言,可以终身应用,所以要读熟它。但是有用的格言,我们可以用别种方式发挥它,不一定要用原文,例如《论语》说恕字,是"己所不欲,勿施于人"。又说是:"我不欲人之加诸我也,我亦欲无加诸人。"在《礼记·中庸》篇说是:"施诸己而不愿,亦勿施诸人。"在《大学》篇说是:"絜矩之道:所恶于上,毋以使下;所欲于下,毋以事上;所恶于前,毋以先后;所恶于后,毋以从前;所恶于右,毋以交于左;所恶于左,毋以交于右。"在《孟子》说:"爱人者人恒爱之;敬人者人恒敬之。"又说:"杀人之父,人亦杀其父;杀人之兄,人亦杀其兄。"这当然都是颠扑不破的格言,但太抽象了,儿童不容易领会。我们若用"并坐不横肱"等具体事件,或用

"狐以盘饷鹤,鹤以瓶饷狐"等寓言证明这种理论,反能引起兴趣。又如《论语》说:"志士仁人,有杀身以成仁,无求生以害仁。"《孟子》说:"生,我所欲也;义,亦我所欲也,二者不可得兼,舍生而取义者也。"也说得斩钉截铁的样子,但是同儿童说明,甚难了解。我们要是借黄花岗七十二烈士,或其他先烈的传记来证明,就比较有意思了。所以我认为呆读经文,没有多大益处。在司马迁《史记》里面,引《书经》的话,已经用翻译法,为什么我们这个时代还要小孩子读经书原文呢?

经书里面,有许多不合于现代事实的话,在古人们所处的时代,是合乎时宜的;若闻以教现代的儿童,就不相宜了。例如尊君卑臣、尊男卑女一类的话。又每一部中总有后代人不容易了解的话。《论语》是最平易近人的,然而"凤凰不至""子见南子""色斯举矣"等章,古今成年人都解释不明白,要叫小孩子们硬读,不怕窒息他们的脑力么?《易经》全部,都是吉凶悔吝等信仰卜筮的话,一展卷就说"潜龙""飞龙"。《诗经》是"国风好色""小雅怨诽",在成人或可体会那不淫不乱的界限,怎样同儿童讲明呢?一开卷就是"窈窕淑女,君子好逑"。《牡丹亭》曲本里的杜丽娘,就因此而引起伤春病,虽是寓言,却实有可以注意的地方。所以我认为小学生读经,是有害的,中学生读整部的经,也是有害的。

据《教育杂志》第25卷第5号,1935年5月

蔡元培：
告北大学生暨全国学生联合会书(节选)

按 语

1919年7月23日,五四运动之后,蔡元培先生发表《告北大学生暨全国学生联合会书》。在文中,他一方面对"五四"以来学生运动的社会价值予以肯定,称"为唤醒全国国民爱国心起见,不惜牺牲神圣之学术,以从事于救国之运动";另一方面也对为政治所裹挟的学生运动持保留态度,认为"觉民"非一时之功、亦不可倚仗于"运动",唯有使国民扩充知识、高尚志趣、纯洁品性,方能使其"永久觉醒"。是故,于学生和大学而言,"树吾国新文化之基础""参加于世界学术之林","使大学为最高文化中心,定吾国文明前途百年大计",方为根本要务。

作为新文化运动的倡导者之一,蔡元培常被视为五四运动的核心人物。陈独秀即曾于《蔡孑民先生逝世后感言》中言:"五四运动,是中国现代社会发展之必然的产物,无论是功是罪,都不应专归到那几个人;可是蔡先生、适之和我,乃是当时在思想言论上负主要责任的人。"事实上,蔡元培对学生运动的态度,颇具两面性。

一方面,他不赞同学生脱离社会的闭门读书,亦不一概反对学生参加政治活动。他认为,若学生怀爱国信念,行为不超公民身份范围,则学校当局不应干预学生运动。甚至其本人即对五四运动起到引导作用:于"五四"前夕召集学生代表开会,讲述巴黎和会情况,称彼时为国家危急存亡之际,号召学生奋起救国。但另一方面,蔡元培并不赞成学生过多参与政治,在一般情况下也不支持学生运动,亦对"五四"之后的几次学潮均持抵制态度。故而,1920年"五四"一周年之际,蔡元培在《新教育》杂志"一年来学潮之回顾和希望"专辑中发表《去年五月四日以来的回顾与今后的希望》,提出"学生运动弊大于利"的观点,认为"从罢课的问题提出以后,学术上的损失,实已不可限量。至于因群众运动的缘故,引起虚荣心、依赖心,精神上的损失也着实不少"。在同年9月和10月对北大学生的讲话中,他再次主张:学生需有学问作基础方能服务社会,"骤用兴奋剂的时代已过去了,大家应当做脚踏实地的工夫"。

由此,蔡元培对学生运动乃至文化运动的"矛盾"态度随之显现。而在此"矛盾"态度背后,隐伏着蔡氏对大学"当以学术研究为天职"之宗旨的坚守,以及在文化问题上的"人本"取向——文化改造、思想运动固有其政治动机和救国目标,但更是人自身发展的内在要求,也是人格完善的必然之举。因此,在作为教育家的蔡元培这里,思想文化事业并非追求政治目标的手段,而将其作为目的本身,并由之重新导向了对人格塑造以及建基于此的道德关怀的强调。正基于此,在"五四"之后个人淡出而群体突显或者说民族国家至上的思想潮流中,蔡氏在教育理念上依然坚持"群性"教育(或"民权"教育)之外仍应注重人格教育和个性发展。而他在此民族主义偏向明显、"个人—集体"关系甚至出现某种零和关系转向的社会趋势中,倡导具有超越意义的美育,呼吁"超越利害的兴趣,去除人我之见,保持一种永久平和的心境"以纠文化运动之偏,亦沿此脉络而来。

再进一步,"五四"时期两代人思想趋向的不同,或也可由之略见一斑:当学生退返"国家""民族"之争时,在师长辈的蔡元培的教育理念中,仍存有"超国家"的世界主义理想——以

"人必所同然"的普遍性为基石,通向以超越彼我利害、具有健全人格之人为基础的世界。故而,蔡氏在支持学生怀爱国之志、行救国之事的同时,亦主张"所谓国民者,亦同时为全世界人类之一分子","自人类智德进步,其群性渐溢乎国家以外,则有所谓世界主义若人道主义;其个性渐超乎国民以上而有所谓人权若人格"。

以上为本文的相关背景与延伸。

任晓栋

本文节选自《蔡元培全集》第三卷,浙江教育出版社,1997年。

告北大学生暨全国学生联合会书（节选）

蔡元培

北京大学学生诸君并请全国学生联合会诸君公鉴：

……诸君自五月四日以来，为唤醒全国国民爱国心起见，不惜牺牲神圣之学术，以从事于救国之运动。全国国民，既动于诸君之热诚，而不敢自外，急起直追，各尽其一分子之责任。即当局亦了然于爱国心之可以救国，而容纳国民之要求。在诸君唤醒国民之任务，至矣尽矣，无以复加矣！社会上感于诸君唤醒之力，不能为筌蹄之忘，于是开会发电，无在不愿与诸君为连带之关系，此人情之常，无可非难。然诸君自身，岂亦愿永羁于此等连带关系之中，而忘其所牺牲之重任乎？

世界进化，实由分功，凡事之成，必资预备。即以提倡国货而言，贩卖固其要务，然必有制造货品之工厂，与培植原料之农场，以开其源。若驱工厂农场之人材，而悉从事于贩卖，其破产也，可立而待。诸君自思，在培植制造时代乎？抑在贩卖时代乎？我国输入欧化，六十年矣，始而造兵，继而练军，继而变法，最后乃始知教育之必要。其言教育也，始而专门技术，继而普通学校，最后乃始知纯粹科学之必要。吾国人口号四万万，当此教育万能、科学万能时代，得受普通教育者，百分之几，得受纯粹科学教育者，万分之几。诸君以环境之适宜，而有受教育之机会，且有研究纯粹科学之机会，所以树吾国新文化之基础，而参加于世界学术之林者，皆将有赖于诸君。诸君之责任，何等重大。今乃为参加大多数国民政治运动之故，而绝对牺牲之乎？

抑诸君或以唤醒同胞之任务，尚未可认为完成，不能不再为若干日之经营，此亦非无理由。然以仆之观察，一时之唤醒，技止此矣，无可复加。若令为永久之觉醒，则非有以扩充其知识，高尚其志趣，纯洁其品性，必难幸致。自大学之平民讲演，夜班教授，以至于小学之童子军，及其他学生界种种对于社会之服务，固常为一般国民之知识，若志趣，若品性，各有所尽力矣。苟能应机扩充，持久不怠，影响所及，未可限量。而其要点，尤在注意自己之知识，若志趣，若品性，使有左右逢源之学力，而养成模范人物之资格，则推寻本始，仍不能不以研究学问为第一责任也。

且政治问题，因缘复杂，今日见一问题，以为至重要矣，进而求之，犹有重要于此者。自甲而乙，又自乙而丙丁，以至癸子等等，互相关联。故政客生涯，死而后已。今诸君有见于甲乙之相联，以为毕甲不足，毕乙而后可，岂知乙以下之相联而起者，曾无已时。若与之上下驰逐，则夸父逐日，愚公移山，永无踌躇满志之一日，可以断言。此次世界大战，德法诸国，均有存亡关系，罄全国胜兵之人，为最后之奋斗，平日男子职业，大多数已由妇女补充，而自小学以至于大学，维持如故。学生已及兵役年限者，间或提前数月毕业，而未闻全国学生，均告奋勇，舍其学业，而从事于军队，若职业之补充，岂彼等爱国心不及诸君耶？愿诸君思之。

仆自出京，预备杜门译书，重以卧病，遂屏外缘。乃近有"恢复五四以前教育原状"之呼声，各方面遂纷加责备，迫以复出，仆遂不能不加以考虑。夫所谓"教育原状"者，宁有外于诸君专研学术之状况乎？使诸君果已抱有恢复原状之决心，则往者不谏，来者可追，仆为教育前途起见，虽力疾从公，亦义不容辞。读诸君十日三电，均以"力学报国"为言，勤勤恳恳，实获我心。自今以后，愿与诸君共同尽瘁学术，使大学为最高文化中心，定吾国文明前途百年大计。诸君与仆等，当共负其责焉。……

据《北京大学日刊》1919年7月23日

『为的是学做人』

梁启超:为学与做人

按 语

1922年,梁启超先生应苏州学界之邀,于苏州学生联合会发表演讲《为学与做人》。在他看来,求学问为的是学"做人"。

"做人"的问题,在梁启超的教育思想中向来居于核心位置,其政治思想之重心——"新民",便与他的教育理想"对人的革新"一脉相承。事实上,这也是儒家经典《大学》里的一个重要议题。孔子的"为己之学",所关切的重心即为"做人"的问题。故而,儒家教育中的"为己之学",强调"养性",意在"成人",注重在人之"天性流行"中完成德性修养。这也是一种根本性的"内圣"之学,以带有圣贤人格的"大我"塑造为理想:由"己心"旁通"他心",上通"天心",进而"洞彻一己与天地万物共有之大生命"。但儒家道路是世俗的,孔子的"道"亦为"人道",由此"天道"或"天心"之根基在于个人人格中的德性。亦即,儒家视为贯通"天人"的"道",并非以外在力量来转化一个人而使之"成德",而是人从他自身去推衍和发展"道"。故而《论语》中称"夫子之道,忠恕而已",孔子谓"人能弘道,非道弘人。因此,"为学"即为"做人"。每个人终其一生的"为学"过程,实际上也是他"做人"的过程——不断充实和实现自己的可能,不断趋于"善",近于"道"。故而,儒家常言"此情莫能已,此理日以辟,人生不可一日废学"。

这便是梁启超视"为学"意在"做人"之根由。

本文是在对"君子"之道(孔子的"知者不惑,仁者不忧,勇者不惧")的阐发上展开的。文中以"知、情、意"对应于"不惑、不忧、不惧",强调对知、仁、勇的培养,并认为教育应以"知育、情育、意育"此三件事为要务。在这里,有着梁启超先生在对儒家教育的继承与转化。

在儒家传统中,"仁"是核心问题。君子的本质是"仁",君子之道即为"仁道"。孔子说:"君子道者三,我无能焉:仁者不忧,知者不惑,勇者不惧。"这便是后世所谓的"智仁勇"三德,亦即儒家君子理想的三要素。但仁、知、勇虽分为三,实则皆统一在"仁"这一最高概念下。因此,"君子"达到最高境界即为"仁者"。

那么,为何"仁者不忧"?这是梁启超在文中提出的一个关键问题。

梁启超认为,"仁"是"普遍人格"的完成。对于梁启超而言,人与人"交感互发""成为一体"才能成就基于普遍人格的"仁",因之才能实现"天地与我并生,而万物与我为一"的人生境界。亦即,人生与宇宙相通。也就是说,梁启超谈"仁",是基于普遍人格意义上的"大我",而非个人主义的。这与他的"新民"理想结合,即成为强调个人对整个人类—民族—国家的历史责任感和神圣使命感,并以之为人生意义、生活价值之所在。

因此,"忧"的根源,成败、得失二端也就无所滋生了。一方面,因为宇宙和人生皆永不圆满,也就不必忧成败;另一方面,"人格"的实现不能单独存在,也就使基于"人我之别"的得失问题失去意义。由此,"仁者"的人生,其要旨便落于"君子以自强不息"。这就由"仁"延伸到了"勇"。

因"仁者"或"君子",是净化了一己私欲、摆脱得失成败之"忧"后,才真正挺立起来的。故真正的"勇"是随"仁"而生的,亦即,"君子"在行"仁道"上永不止息地勇猛精进。所以孔子推重"进取"的精神,视"知其不可而为之"的进取,比"有所不为"具有更高的价值。而这种"弘毅进取"的"勇",在梁启超的时代更多了一重现实意义,尤其对于承载了他振兴国族期望的"新民"而言,"顶天立地做一世人"的意义更为迫切。

尽管梁氏的教育思想有着深厚的儒家背景,但他的"不惑、不忧、不惧"已不完全是传统儒家的内容了。这尤以他对于"不惑"或"知育"的阐发为代表。

梁启超认为,达致"不惑"的关键在于养成判断力,而判断力的形成则包括知识、智识、智慧三个层次,并由此批评当时的教育止步于知识传授。传统的儒家教育尽管亦尚智,但智力教育并不独立于道德领域,并始终以"养性"为先。梁氏则极重智识教育,并将其置于与"养性"平等的地位。可以说,对智力教育的突出,是其与传统儒家的极大分野。梁启超认为,中国人的智力启蒙是复兴中国的第一步。故而,他在本文中首先谈的也是"知育",并将"不惑"转移到独立的智识教育层面,而"不忧"和"不惧"或"仁"和"勇"的问题则仍关联在"养性"的领域中。也就是,将知识、智识与德行做了切割。而在儒家传统中,"智"作为"三德"之一,最终仍是以"仁"为归宿的。在这里,便可以看出"西学"对梁氏的深切影响。

任晓栋

本文选自梁启超文集《为学与做人》,古吴轩出版社,2016年。

为学与做人

梁启超

一

如果我问诸君,"为什么进学校?"

我想人人都会众口一词地答道:"为的是求学问。"

再问:"你为什么要求学问?""你想学些什么?"恐怕各人的答案就很不相同,或者竟自答不出来了。

诸君啊!我替你们回答一句罢:"为的是学做人。"

你在学校里头学的什么数学、几何、物理、化学、生理、心理、历史、地理、国文、英语,乃至什么哲学、文学、科学、政治、法律、经济、教育、农业、工业、商业等等,不过是做人所需的一种手段,不能说专靠这些便达到做人的目的,任凭你把这些件件学得精通,你能不能成个人还是个问题。

孔子说:"知者不惑,仁者不忧,勇者不惧。"所以教育应分为知育、情育、意育三方面——现在讲的智育、德育、体育,不对,德育范围太笼统,体育范围太狭隘——知育要教到人不惑,情育要教到人不忧,意育要教到人不惧。教育家教育学生,应该以这三件为究竟,我们自动地自己教育自己,也应该以这三件为究竟。

二

怎么样才能不惑呢?

最要紧的是养成我们的判断力。想要养成判断力,第一步,最少须有相当的常识,进一步,对于自己要做的事须有专门智识,再进一步,还要有遇事能断的智慧。

假如一个人连常识都没有,听见打雷,说是雷公发威,看见月蚀,说是蛤蟆贪嘴。那么,一定闹到什么事都没有主意,碰到一点疑难问题,就靠求神问卜看相算命去解决,真所谓"大惑不解",成了最可怜的人了。学校里小学中学所教,就是要人有了许多基本的知识,免得凡事都暗中摸索。

但仅仅有点常识还不够,我们做人,总要各有一件专门职业。这门职业,也并不是我一人破天荒去做,从前已经许多人做过,他们积累了无数经验,发现出好些原理原则,这就是专门学识。

我打算做这项职业,就应该有这项专门的学识。例如我想做农吗,怎么的改良土壤,怎么的改良种子,怎么的防御水旱病虫,等等,都是前人经验有得成为学识的;我们有了这种学识,应用他来处置这些事,自然会不惑,反是则惑了。

做工、做商等等都各有他的专门学识,也是如此。我想做财政家吗,何种租税可以生出何样结果,何种公债可以生出何样结果等等,都是前人经验有得成为学识的;我们有了这种学识,应用他来处置这些事,自然会不惑,反是则惑了。教育家、军事家等等，都各有他的专门学说，也是如此。

我们在高等以上学校所求的知识，就是这一类。但专靠这种常识和学识就够吗？还不能。宇宙和人生是活的不是呆的，我们每日碰见的事理是复杂的变化的，不是单纯的刻板的，倘若我们只是学过这一件，才懂这一件，那么，碰着一件没有学过的事来到跟前，便手忙脚乱了。

所以还要养成总体的智慧，才能有根本的判断力。

这种总的智慧如何才能养成呢？第一件，要把我们向来粗浮的脑筋着实磨炼他，叫他变成细密而且踏实。那么，无论遇着如何繁难的事，我都可以彻头彻尾想清楚他的条理，自然不至于惑了。

第二件，要把我们向来浑浊的脑筋，着实将养他，叫他变得清明。那么，一件事理到跟前，我才能很从容很莹澈地去判断他，自然不至于惑了。以上所说常识学识和总体的智慧，都是知育的要件，目的是教人做到"知者不惑"。

三

怎么样才能不忧呢？

为什么仁者便会不忧呢？想明白这个道理，先要知道中国先哲的人生观是怎么样。

"仁"之一字，儒家人生观的全体大用都包在里头。"仁"到底是什么？很难用言语说明，勉强下个解释，可以说是:"普遍人格之实现。"孔子说:"仁者人也。"意思是说人格完成就叫做"仁"。

但我们要知道,人格不是单独一个人可以表现的,要从人和人的关系上来看。所以"仁"字从二人,郑康成解他做"相人偶"。总而言之,要彼此交感互发,成为一体,然后我的人格才能实现。所以我们若不讲人格主义,那便无话可说;讲到这个主义,当然归宿到普遍人格。

换句话说,宇宙即是人生,人生即是宇宙,我们的人格,和宇宙无二区别,体验得这个道理,就叫做"仁者"。然则这种仁者为什么就会不忧呢?大凡忧之所从来,不外两端,一曰忧成败,二曰忧得失。我们得着"仁"的人生观,就不会忧成败。为什么呢?因为我们知道宇宙和人生是永远不会圆满的,所以《易经》六十四卦,始"乾"而终"未济"。正为在这永远不会圆满的宇宙中,才永远容得我们创造进化。

我们所做的事,不过在宇宙进化几万万里的长途中,往前挪一寸,两寸,那(哪)里配说成功呢?然则不做怎么样呢?不做便连这一寸都不往前挪,那可真是失败了。

"仁者"看透这种道理,信得过只有不做事才算失败,肯做事便不会失败。所以《易经》说:"君子以自强不息。"换一方面来看,他们又信得过凡事不会成功的几万万里路挪了一两寸,算成功吗?所以《论语》:"知其不可而为之。"你想,有这种人生观的人,还有什么成败可忧呢?

再者,我们得着"仁"的人生观,便不会忧得失。为什么呢?因为认定这件东西是我的,才有得失之可言。连人格都不是单独存在,不能明确地画出这一部分是我的,那一部分是人家的,然则哪里有东西可以为我们所得?既已没有东西为我所得,当然也没有东西为我所失。

我只是为学问而学问,为劳动而劳动,并不是拿学问劳动等做手段来达某种目的——可以为我们"所得"。所以老子说:"生而不有,为而不恃。""既以为人已愈有,既以与人已愈多。"你想,有这种人生观的人,还有什么得失可忧呢?总而言之,有了这种人生观,自然会觉得"天地与我并生,而万物与我为一",自然会"无人而不自得"。他的生活,纯然是趣味化艺术化。这是最高的情感教育,目的教人做到"仁者不忧"。

四

怎么样才能不惧呢?

有了不惑不忧功夫,惧当然会减少许多了。但这是属于意志方面的事。一个人若是意志力薄弱,便有丰富的智识,临时也会用不着,便有优美的情操,临时也会变了卦。

然则,意志怎么才会坚强呢?头一件须要心地光明,孟子说:"浩然之气,至大至刚。行有不慊于心,则馁矣。"又说:"自反而不缩,虽褐宽博,吾不惴焉;自反而缩,虽千万人,吾往矣。"

俗话说得好:"生平不做亏心事,夜半敲门心不惊。"

一个人要保持勇气,须要从一切行为可以公开做起,这是第一着。第二件要不为劣等欲望之所牵制。

《论语》记:子曰:"吾未见刚者。"或对曰伸枨。子曰:"枨也欲,焉得刚。"一被物质上无聊的嗜欲东拉西扯,那么百炼成刚也会变成绕指柔了。总之,一个人的意志,由刚强变为薄弱极易,由薄弱返到刚强极难。一个人有了意志薄弱的毛病,这个人可就完了。

自己作不起自己的主,还有什么事可做?受别人压制,做别人奴隶,自己只要肯奋斗,终必能恢复自由。自己的意志做了自己情欲的奴隶,那么,真是万劫沉沦,永无恢复自由的余地,终身畏首畏尾,成了个可怜人了。

孔子说:"和而不流,强哉矫;中立而不倚,强哉矫。国有道,不变塞焉,强哉矫;国无道,至死不变,强哉矫。"我老实告诉诸君说罢,做人不做到如此,决不会成一个人。但做到如此真是不容易,非时时刻刻做磨炼意志的功夫不可,意志磨炼得到家,自然是看着自己应做的事,一点不迟疑,扛起来便做,"虽千万人吾往矣"。这样才算顶天立地做一世人,绝不会有藏头躲尾左支右绌的丑态。这便是意育的目的,要教人做到"勇者不惧"。

五

我们拿这三件事作为做人的标准,请诸君想想,我自己现时做到哪一件——哪一件稍微有一点把握。倘若连一件都不能做到,连一点把握都没有,嗳哟!那可真危险了,你将来做人恐怕做不成。讲到学校里的教育吗，第二层的情育，第三层的意育，可以说完全没有，剩下的只有第一层的知育。就算知育罢，又只有所谓常识和学识，至于我所讲的总体智慧靠来养成根本判断力的，却是一点儿也没有。

这种"贩卖知识杂货店"的教育，把他前途想下去，真令人不寒而栗！现在这种教育，一时又改革不来，我们可爱的青年，除了他更没有可以受教育的地方。诸君啊！你到底还要做人不要？你要知道危险呀，非你自己抖擞精神方法自救，没有人救你呀！

诸君啊！你千万别要以为得些断片的智识，就算是有学问呀。我老实不客气告诉你罢；你如果做成一个人，知识自然是越多越好；你如果做不成一个人，知识却是越多越坏。

你不信吗？试想想全国人所唾骂的卖国贼某人某人，是有智识的呀，还是没有智识的呢？试想想全国人所痛恨的官僚政客——专门助军阀作恶鱼肉良民的人，是有智识的呀，还是没有智识的呢？诸君须知道啊，这些人当十几年前在学校的时代，意气横厉，天真烂漫，何尝不和诸君一样？为什么就会堕落到这样的田地呀？

屈原说："何昔日之芳草兮，今直为此萧艾也！岂其有他故兮，莫好修之害也。"天下最伤心的事，莫过于看着一群好好的青年，一步一步地往坏路上走。诸君猛醒啊！现在你所厌所恨的人，就是你前车之鉴了。

诸君啊！你现在怀疑吗？沉闷吗？悲哀痛苦吗？觉得外

边的压迫你不能抵抗吗?我告诉你:你怀疑和沉闷,便是你因不知才会惑;你悲哀痛苦,便是你因不仁才会忧;你觉得你不能抵抗外界的压迫,便是你因不勇才有惧。这都是你的知、情、意未经过修养磨炼,所以还未成个人。我盼望你有痛切的自觉啊!有了自觉,自然会成功。那么,学校之外,当然有许多学问,读一卷经,翻一部史,到处都可以发现诸君的良师呀!

诸君啊,醒醒罢!养足你的根本智慧,体验出你的人格人生观,保护好你的自由意志。你成人不成人,就看这几年哩!

孙中山：
在广州岭南学生欢迎会的演说(节选)

按 语

中国传统的为学之道，向来以"立志"为先。

1923年12月21日，孙中山应邀至广州岭南大学作讲演，勉励学生言："立志是读书人最要紧的一件事。"这一讲演的主旨，与蔡元培1917年1月9日《就任北京大学校长之演说》相近，皆意在着力破除中国人读书做官的旧梦。讲演围绕读书人应立何种"志"展开，其教育名言"立志要做大事，不可要做大官"即产生于此。而后，此语更被镌刻于岭南大学怀士堂（今中山大学南校区康乐园），是为早年的岭南大学以及后来中山大学的精神标杆。

在讲演中，孙中山先生通过对何为"大事"的阐释，强调读书人应以成就大事业为立志之要，祛除以"做大官"为目标的陈腐有害之观念，最终树立起为国为民"做大事"的大志气。那么，什么是"大事"？孙中山认为，不论农工商贾或科学人文何种领域何种职业，"无论哪一件事，只要从头至尾，彻底做成功，便是大事。"而立志"做大事"的根本动因，则应在于"以国家为己任，把建设将来社会事业的责任担负起来"。这不仅是"改良国家"、扶助同胞之要旨，也符合"近代人类立志"的思想潮流——"注重发达人群，为大家谋幸福"。

孙中山向来极为重视教育，认为中国的复兴"首在陶冶人才"，并称"教育为立国的要素""学者，国之本也"；亦曾言，"革命的基础在高深的学问,学问为立国之本,东西各国之文明皆由学问讲来"。并且,他认为欧美国家强盛的根本原因在于教育发达,称欧美"其国多士人",进而主张:"故欲我国转弱为强,反弱(衰)为盛,必俟学校振兴,家弦户诵,无民非士,无士非民,而后可与泰西诸国并驾齐驱,驰骋于地球之上。"故而,他在南京临时政府财政困难的情况下,仍派留学生出国深造,鼓励学生赴美、法等国勤工俭学。

任晓栋

本文原文全篇收录于《孙中山全集》第八卷,在内容上有所节选。

在广州岭南学生欢迎会的演说(节选)

(一九二三年十二月二十一日)

孙中山

诸君:

兄弟今日得来此地,对岭南大学学生会,有机会和诸君相见,我是很喜欢的。

……

诸君现在受教育的时候,预想将来学成之后,有一种贡献到社会上,究竟应该做些什么事呢?诸君现在还未毕业,知识不大发达,学问没有成就,自然不能责备诸君,一定要做些什么事,但是在没有做事之先,应该有什么预备呢?应该要注意些什么事呢?依我看来,在这个时期之内,第一件是要立志。立志是读书人最要紧的一件事。中国人读书的思想,都以为士为四民之首,比农、工、商贾几种人都要高一些。二三十年以前的学生,他们有一种立志,就是在闭户自读的时候,总想入学、中举、点翰林。以后还要做大官。我今天希望诸君的,不是那种旧思想的立志,是比那入学、中举、点翰林、做大官的志还要更大。中国几千年以来,有志的人本不少,但是他们那种立志的旧思想,专注重发达个人,为个人谋幸福,和近代的思想大不相合。近代人类立志的思想,是注重发达人群,为大家谋幸福。……如果我们立志,改良国家,万众一心,协力奋斗做去,还是可以追上欧美,若是不然,中国便事事落在人尾,永远不能自己发达,永远没有进步。推其极端,中国便非沦于灭亡不可。所以现在的青年,便应该以国家为己任,把建设将来社会事业的责任担负起来。这种志愿究竟是如何立法呢?我读古今中外的历史,知道世界极有名的人,不全是从政治事业一方面做成功的;有在政权上一时极有势力的人,后来并不知名的;有极知名的人,完全是在政治范围之外的。简单地说,古今人物之名望的高大,不是在他所做的官大,是在他所做的事业成功。如果一份事业能够成功,便能够享大名。所以我劝诸君立志,是要做大事,不可要做大官。

什么是叫做大事呢?大概地说,无论那[哪]一件事,只要从头至尾,彻底做成功,便是大事。譬如从前有个法国人叫做柏斯多,专用心力考察人眼所不能见的东西,那种东西极微妙[渺],极无用处,为通常人目力之所不及。在普通人看起来,必以为算不得一回什么事,何以枉费工夫去研究他呢?但是柏斯多把他的构造性质和对于别种东西的关系,自头至尾研究出来成一种有系统的结果,把这种东西便叫做微生物。由研究这种微生物,便发现微生物对于各种动植物的妨害极大,必须要把他扑灭才好。……譬如从前的人,不知道蚕有受病的,所以常常有许多蚕吐丝不多,所获的利益极微。现在知道蚕也有受病的,蚕受了病,便不能吐丝。考察他受病的原因,是由于有一种微生物;消灭这种微生物,便可医好蚕的病,乃可多吐丝。现在广东每年所出丝加多几千万，但许多还有不知道医蚕病的，如果都知道消灭害蚕的微生物，更可增加无限的收入，那种利益该是何等大呢？现在全世界上由于知道消灭害蚕的微生物，所得的总利益，又是何等大呢？但是当柏斯多立志研究微生物的时候，他也不知道有这样大的利益。用这个故事证明的意思，便是说微生物本是极微妙[渺]极小的东西。但是研究他关系于动植物的利害，有一种具体结果，贡献到人类，便是一件很大的事。柏斯多立志研究的东西，虽然说是很小，但是他彻底得了结果，便是成了大事，所以他在历史上便享大名。我们中国从前的人，都不知道像柏斯多这样的立志，只知道立志要入学、中举、点状元、做宰相，并且还有要做皇帝的。譬如秦始皇出游的时候，刘邦、项羽都看见了，便各自叹气，表示自己的志愿。项羽说："彼可取而代之。"刘邦说："大丈夫当如是也。"他两个人的口气虽然不同，但是他们的志愿，毫没有分别。换句话说，都是想做皇帝。这种思想，久而久之，便传播到普通人群中，所以从此以后，中国人都想做皇帝，便不想做别的事。自民国成立以来，不是像袁世凯想做皇帝，便是像一般军阀想做督军、巡阅使，那也是错了。因为要达到那种地位是很不容易的，障碍物是很多的。因为他们立志一定要达到那种地位，所以弄到杀人放火，残贼人类，亦所不惜。诸君想想：那志愿是好是不好呢？一定是不好的，所以我们必须要消灭那种志愿。至于学生立志，注重之点，万不可想要达到什么地位，必须要想做成一件什么事。因为地位是关系于个人的。达到了什么地位，只能为个人谋幸福。事业是关系于群众的,做成了什么事,便能为大家谋幸福。近代人类的思想,是注重谋大家的幸福,我从前已经说过了。大家又知道,许多做大事成功的人,不尽是在学校读过了书的,也有向来没有进过学校,能够做成大事业的。不过那种人是天生的长处。普通人要所做的事不错,必要取法古人的长处才好。所以我们要进学校读书,取古今中外人的知识才学,来帮助我做一件大事,然后那件大事,便容易成功。

诸君又勿谓现在进农科,学耕田的学问,将来学成之后,只是一个农夫。不知道耕田也是一件大事,从前后稷教民稼穑,树艺五谷。因为稼穑是一件很有益于人民的事,他不怕劳动,去教导百姓,后来百姓感恩戴德,他便做了皇帝;说起出身来,后稷还是一个耕田佬呀!哪个耕田佬也做过了皇帝呀!古时做过皇帝的人,该有多少呢?现在世人都把他们的姓名忘记了,只有后稷做过耕田佬,世人至今还不忘记他。现在科学进步,外国新发明的农科器具,比旧时好得多,事半功倍,只用一人之耕,可得几千人之食。诸君现在学农科的,学到成功之后,就是像外国的农夫,能够一人耕而有几千人之食,也不可以为到了止境。必要再用更新的科学道理,改良耕田的方法,以至用一人耕,能够有几万人食,或几百万人食,那才算是有志之士。总而言之,诸君现在学校求学,无论是那[哪]一门科学,像文学、物理化学、农学,只要是自己性之所近,便拿那一门来反复研究。把其余关系于那一门的科学,也去过细参考,借用他们的道理和方法,来帮助那一门科学的发展，彻底考察，以求一个成功的结果。那么，就是像中国的后稷教民耕田，法国柏斯多发明微生物对于动植物的利害，都是功德无量的大事。

我再举一个故事说：从前有个英国人叫做达尔文，他始初专拿蚂蚁和许多小虫来玩，后来便考察一切动物，过细推测，便推出进化的道理。现在扩充这个道理，不但是一切动物变化的道理包括在内，就是社会、政治、教育、伦理等种种哲理，都不能逃出他的范围之外。所以达尔文的功劳，比世界上许多皇帝的功劳还要大些。世界上的皇帝该有多少呢？诸君多有不知道他们姓名的，现在诸君总没有一个人不知道达尔文的。所以达尔文的功，实在是驾乎皇帝之上。由这样讲来，无论什么事，只要能够彻底做成功，便算是大事。所以由考察微生物得来的道理是大事，由玩蚂蚁得来的道理，也是大事。不过我们读书的时候，必须用自己的本能做去才好。什么是本能呢？就是自己喜欢要做的事；就自己喜欢所做的事彻底做去，以求最后的成功，中途不要喜新厌旧，见异思迁，那便是立志。立志不可有今日立一种什么志，明日便要到一个什么地位。从前做皇帝的思想，是过去的陈迹，要根本地打破他。立志是拿一件事，彻底做成功，为世界上的新发明。如果有了新发明，世界上的地位多得很，诸君不愁不能自占一席。

我们立志，还要合乎中国国情。像四十多年前，中国派许多学生到外国去留学，尤其以派到美国的为最早。他们到了美国之后，不管中国为什么要派留学生，学成了以后，究竟以中国有什么用处，以为到了美国，只要学成美国人一样便够了。所以他们在外国的时候，便自称为什么"佐治""维廉""查理"，连中国的姓名也不要。回国之后，不徒是和中国的饮食起居，不能合宜，就是中国的话也不会讲。所以住不许久，便厌弃中国，仍然回到美国。当中也有立志稍为高尚一点的，回到美国之后，仍然有继续研究学问的。不过那一种学生，对于中国的饮食起居和人情物理，一点儿也不知，所有的思想行为和美国人丝毫没有分别。所以他们不能说是中国人，只可说是美国人。至于下一等的，回到美国，便每日游手好闲，无所事事。因为不是学生，取消了官费或家庭接济，弄到后来，甚至个人的生活都不能维持；于是为非作歹，无所不做，便完全变成一种无赖的地痞。以中国的留学生，不回来做中国的国民，偏要去做美国的地痞，那是有什么好处呢？甚至有在美国的时候，连中国人住的地方，都不敢去；逢人说起国籍来，总不承认是中国人。试问这种学生，究竟是何居心呢？这种学生，可以说是无志，只知道学人，不知道学成了想自己来做事。

诸君现在岭南大学，受美国人的教育多，受中国人的教育少。环顾学校之内，四围有花草树木的风景，洋房马路的建筑，这一种繁华文明的气象，比较学校以外，像大塘、康乐等处的荒野景象，真是有天壤之别呀。我们中国人现在的痛苦，每日生活，至少总有三万万人，朝不保夕，愁了早餐愁晚餐，所以中国是世界上最穷弱的国家。诸君享这样的安乐幸福，想到国民同胞的痛苦，应该有一种恻隐怜爱之心。孟子所说："无恻隐之心非人也。"这是诸君所固有的良知。诸君应该立志,想一种什么方法来救贫救弱,这种志愿,是人人应该要立的。要大家担负救贫救弱的责任,去超度同胞。如果大家都有这种志愿,将来的中国,便可转弱为强,化贫为富。

……

诸君今天欢迎我来演讲,我贡献诸君的,就是要诸君立志,要有国民的大志气,专心做一件事,帮助国家变得富强。这个要中国富强的事务,就是诸君的责任;要诸君担负这个责任,便是我的希望。

梁漱溟：
三种人生态度——逐求、厌离、郑重

按 语

晚年的梁漱溟曾将其一生深思的三个层次——"人与自然的关系""人与人的关系""人与自身的关系"，总结为"人生三大问题"。与之相对应的，是三种"人生态度"，以及由之而来的世界文明"三大系"、人类发展的"三期文化"。对于这三种"人生态度"的阐释与辨析，便是本文的核心内容。

1924年，泰戈尔访问中国。梁漱溟与其讨论儒家思想，其间提出：儒家倡导的道德，是从个人生命内部发出的真精神、真力量以及建基于此的"由仁义行"的道德实践，并非时人所抨击的"吃人的礼教"。他认为儒家注重伦理与礼俗的根由，在于导向一种能启发生命自觉的"合理的生活"。

那么，如何通向一种"合理的生活"？梁漱溟将其中的关键，归根于树立"郑重"的人生态度——"教人自觉地尽力量去生活"。这便是儒家所倡导的"道德的路"。这里包含两重意义：其一，儒家的道德生活，意在调顺"本能"，使生命"自然流行"而非拘谨枯燥甚至压抑人性的；其二，由"生命流畅"而来的"尽力于生活"，也意味着塑造人生态度的"修身"之道并不止于"向内用力"，还需由"内"转化至"外"，由"心"作用于"身"。此二者又共同归流于"诚"——"正心诚意""反身以诚"。这一点，与马一浮的"复性"之教相类：使人自"明"而"诚"又复其"诚"。亦即，人通过"回头反看"以破除和超越由"逐求"所驱动的"往前"，实现自觉的真的"尽力生活""向前生活"。如其所言，"从反回头来看郑重生活，这才是真正的发挥郑重"。

于是,梁漱溟借由"郑重"之人生态度的提出,为儒家指向道德目标的"修身为本"之路,引入了新的内涵:"自觉"尽力的生活,使生命自然流畅,便是走上了道德的路。由此,"修身为本"的意义便不仅在于"向内用力"的德性涵养,更在于在"内""外"贯通的自省中实现"自觉",进而以"自觉"的力量作用于"外在"世界中的社会生活和文明创造。换言之,道德的路,意味着人之生命因"自觉"而尽力、流畅;并在生命的"自然流行"和"自主自觉"中,收其社会改造之功效。这也正是梁漱溟所着力追求的,以"心"主导"身",超越欲望逐求的"向前"奋进的社会人生之路。

适逢梁漱溟先生诞辰130周年(1893年10月18日)纪念日,选读梁先生此文以作纪念。

任晓栋

本文选自《教育与人生——梁漱溟教育文集》,当代中国出版社,2012年。以上为本文的相关背景与内容延伸。

三种人生态度——逐求、厌离、郑重

梁漱溟

人生态度是指人日常生活的倾向而言,向深里讲,即入了哲学范围;向粗浅里说,也不难明白。依中国分法,将人生态度分为"出世"与"入世"两种,但我嫌其笼统,不如三分法较为详尽适中。我们仔细分析:人生态度之深浅、曲折、偏正……各式各种都有;而各时代、各民族、各社会,亦皆有其各种不同之精神,故欲求不笼统,而究难免于笼统。我们现在所用之三分法,亦不过是比较适中的办法而已。

按三分法,第一种人生态度,可用"逐求"二字以表示之。此意即谓人于现实生活中逐求不已:如饮食、宴安、名誉、声、色、货、利等,一面受趣味引诱,一面受问题刺激,颠倒迷离于苦乐中,与其他生物亦无所异。此第一种人生态度(逐求),能够彻底做到家,发挥至最高点者,即为近代之西洋人。他们纯为向外用力,两眼直向前看,逐求于物质享受,其征服自然之威力实甚伟大,最值得令人拍掌称赞。他们并且能将此第一种人生态度理智化,使之成为一套理论——哲学。其可为代表者,是美国杜威之实验主义,他很能细密地寻求出学理的基础来。

第二种人生态度为"厌离"的人生态度。第一种人生态度为人对于物的问题。第三种人生态度为人对于人的问题,此则为人对于自己本身的问题。人与其他动物不同,其他动物全走本能道路,而人则走理智道路,其理智作用特别发达。其最特殊之点,即在回转头来反看自己,此为一切生物之所不及于人者。当人转回头来冷静地观察其生活时,即感觉得人生太苦,一方面自己为饮食男女及一切欲望所纠缠,不能不有许多痛苦;而在另一方面,社会上又充满了无限的偏私、嫉忌、仇怨、计较,以及生离死别种种现象,更足使人感觉得人生太无意思。如是,乃产生一种厌离人世的人生态度。此态度为人人所同有。世俗之愚夫愚妇皆有此想,因愚夫愚妇亦能回头想,回头想时,便欲厌离。但此种人生态度虽为人人所同具,而所分别者即在程度上深浅之差,只看彻底不彻底,到家不到家而已。此种厌离的人生态度,为许多宗教之所由生。最能发挥到家者,厥为印度人。印度人最奇怪,其整个生活,完全为宗教生活。他们最彻底,最完全,其中最通透者为佛家。

第三种人生态度,可以用"郑重"二字以表示之。郑重态度,又可分为两层来说:其一,为不反观自己时——向外用力;其二,为回头看自家时——向内用力。在未曾回头看而自然有的郑重态度,即儿童之天真烂漫的生活。儿童对其生活,有天然之郑重,与天然之不忽略,故谓之天真。真者真切,天者天然,即顺从其生命之自然流行也。于此处我特别提出儿童来说者,因我在此所用之"郑重"一词似太严重。其实并不严重。我之所谓"郑重",实即自觉地听其生命之自然流行,求其自然合理耳。"郑重"即是将全副精神照顾当下,如儿童之能将其生活放在当下,无前无后，一心一意，绝不知道回头反看，一味听从于生命之自然的发挥，几与向前逐求差不多少，但确有分别。此系言浅一层。

更深而言之，从反回头来看生活而郑重生活，这才是真正的发挥郑重。这条路发挥得最到家的，即为中国之儒家。此种人生态度亦甚简单，主要意义即是教人自觉地尽力量去生活。此话虽平常，但一切儒家之道理尽包含在内，如后来儒家之"寡欲""节欲""窒欲"等说，都是要人清楚地自觉地尽力于当下的生活。儒家最反对仰赖于外力之催逼与外边趣味之引诱往前度生活。引诱向前生活，为被动的、逐求的，而非为自觉自主的。儒家之所以排斥欲望，即以欲望为逐求的、非自觉的，不是尽力量去生活。此话可以包含一切道理，如"正心诚意""慎独""仁义""忠恕"等，都是以自己自觉的力量去生活。再如普通所谓"仁至义尽""心情俱到"等，亦皆此意。

此三种人生态度，每种态度皆有浅深。浅的厌离不能与深的逐求相比。逐求是世俗的路，郑重是道德的路，而厌离则为宗教的路。将此三者排列而为比较，当以逐求态度为较浅；以郑重与厌离二种态度相较，则郑重较难；从逐求态度进步转变到郑重态度自然也可能，但我觉得很不容易。普通都是由逐求态度折到厌离态度，从厌离态度再转入郑重态度，宋明之理学家大多如此，所谓出入儒释，都是经过厌离生活，然后重又归来尽力于当下之生活。即以我言，亦恰如此。在我十几岁时，极接近于实利主义，后转入于佛家，最后方归于儒家。厌离之情殊为深刻，由是转过来才能尽力于生活;否则便会落于逐求,落于假的尽力。故非心里极干净,无纤毫贪求之念,不能尽力生活。而真的尽力生活,又每在经过厌离之后。

陶行知：行是知之始

按　语

本文是陶行知先生1927年6月3日在晓庄学校寅会上的演讲词。本文的第一段原载于1928年1月15日《乡教丛讯》第2卷第1期，题为《行是知之始，知是行之终》；1929年7月30日《乡教丛讯》第3卷第12期全文刊载。文章以诸多具体事例来说明三种知识（亲知、闻知、说知）的关系，是陶行知先生"知行观"的集中体现，也是他论述知行关系的重要篇目。

教育中"知"与"行"的关系问题，是陶行知长期思考的问题。而他的"知行观"亦有一个发展历程。在金陵大学读书期间，陶行知研究阳明学，信仰其"知是行之始，行是知之成"的主张。而后留学美国，受杜威经验主义教育观的影响，认为教育的根本在于试验，亦即行动。回国后，陶行知在多年的办学与教育实践中，最终确立了"行是知之始，知是行之成"的知行观。

对于陶行知而言，杜威倡导"在做中学"的教育和"经验的知识"，以此突破西方传统教育中知识与实践的"二元论"，对其知行观的产生有很大影响，并将其导向了对知识来源与"真知"问题的深入思考。陶行知认为，不由"行"得来的"知"、非在"做"中生发的"知"均非"真知"。这也是他在本文中借由对"墨辩"中三种知识的比较，来突出"亲知"的缘由。他认为：亲知、闻知、说知这三类知识构成了知识的来源，但亲知是一切知识的根本，"闻知和说知必须把根安在亲知里"，才能发生知识的效用。

在此"知识观"的基础上，陶行知于改造中国教育的过程中，最终形成了"行以求知知更行"的"知行合一"学说。"知行合一"是中国教育传统中的经典命题，自古即为众儒家先贤以及近代以来的教育家们所关注。王阳明提出"知是行之始，行是知之成"，所导向的亦为"知行合一"的目标。而"知行合一"问题的背后，隐伏着的是"立人"的问题，同时也是对孔子所斥之"乡愿"问题的回应。

在陶行知的时代，伴随"救亡—启蒙"与"教育救国"思潮而来的，是"觉民"与"自觉"的问题。在教育层面，"觉民"与"自觉"，二者的内涵意义有所不同。"觉民"的重心在"外"的一面，教育者向国人传播新知识、新技术、新思想，从而实现国民改造；"自觉"的重心在"内"的一面，其关键在于启牖与醒悟人固有之"向上"精神，而知识教育则为启人"自觉"之途径。对于"立人"而言，唯有"自觉"才能"自立"。"自觉觉人、自立立人"正是陶行知的教育信条。同时期的熊十力先生亦主张："立人者，引导与扶助一切人，使其皆自立也。"因此，知识与知识教育需得"切身"，需不离真实生活，需以"行"为起始。换言之，与"行"息息相关甚至由"行"而来的"亲知"，是使人走向自发、自觉、自立的起点；亦即，通向"自觉以自立"的开端。这一点，正是陶行知思考知行问题或"真知""亲知"问题时，超越于一般教育思想中的"知识论"或知识—实践"二元论"之处。

以上为本文的相关背景及大致延伸。

任晓栋

本文选自方明编《陶行知教育名篇》，教育科学出版社，2013年。

行是知之始[1]

陶行知

阳明先生说："知是行之始，行是知之成。"我以为不对。应该是"行是知之始，知是行之成。"我们先从小孩子说起，他起初必定是烫了手才知道火是热的，冰了手才知道雪是冷的，吃过糖才知道糖是甜的，碰过石头才知道石头是硬的。太阳地里晒过几回，厨房里烧饭时去过几回，夏天的生活尝过几回，才知道抽象的热。雪菩萨做过几次，霜风吹过几次，冰淇淋吃过几杯，才知道抽象的冷。白糖、红糖、芝麻糖、甘蔗、甘草吃过几回，才知道抽象的甜。碰着铁、碰着铜、碰着木头，经过好几回，才知道抽象的硬。才烫了手又冰了脸，那么，冷与热更能知道明白了。尝过甘草接着吃了黄连，那么甜与苦更能知道明白了。碰着石头之后就去拍棉花球，那么，硬与软更能知道明白了。凡此种种，我们都看得清楚"行是知之始，知是行之成"。佛兰克林[2]放了风筝才知道电气可以由一根线从天空引到地下。瓦特烧水，看见蒸气推动壶盖便知道蒸气也能推动机器。加利里翁在毕撒斜塔[3]上将轻重不同的球落下，便知道不同轻重之球是同时落地的。在这些科学发明上，我们又可以看得出"行是知之始，知是行之成"。

"墨辩"[4]提出三种知识：一是亲知，二是闻知，三是说知。亲知是亲身得来的，就是从"行"中得来的。闻知是从旁人那儿得来的，或由师友口传，或由书本传达，都可以归为这一类。说知是推想出来的知识。现在一般学校里所注重的知识，只是闻知，几乎以闻知概括一切知识，亲知是几乎完全被挥于门外。说知也被忽略，最多也不过是些从闻知里推想出来的罢了。我们拿"行是知之始"来说明知识之来源，并不是否认闻知和说知，乃是承认亲知为一切知识之根本。闻知与说知必须安根于亲知里面方能发生效力。

试取演讲"三八主义"[5]来做个例子。我们对一群毫无机器工厂劳动经验的青年演讲八小时工作的道理，无异耳边风。没有亲知做基础，闻知实在接不上去。假使内中有一位青年曾在上海纱厂做过几天工作或一整天工作，他对于这八小时工作的运动的意义，必有亲切的了解。有人说："为了要明白八小时工作就要这样费力地去求经验，未免小题大做，太不经济。"我以为天下最经济的事无过这种亲知之取得。近代的政治经济问题便是集中在这种生活上。从过这种生活上得来的亲知，无异于取得近代政治经济问题的钥匙。

"亲知"为了解"闻知"之必要条件已如上述，现再举一例，证明"说知"也是要安根在"亲知"里面的。

白鼻福尔摩斯里面有一个奇怪的案子。一位放高利贷的被人打死后，他的房里白墙上有一个血手印，大得奇怪，从手腕到中指尖有二尺八寸长。白鼻福尔摩斯一看这个奇怪手印便断定凶手是没有手掌的，并且与手套铺是有关系的。他依据这个推想，果然找出住在一个手套铺楼上的科尔斯人就是这案的凶手，所用的凶器便是挂在门口做招牌的大铁手。他的推想力不能算小，但是假使他没有铁手招牌的亲知，又如何推想得出来呢？

这可见闻知、说知都是安根在亲知里面，便可见"行是知之始，知是行之成"。

1. 本篇是1927年6月3日在晓庄学校寅会上的演讲词。1929年7月30日《乡教丛讯》第3卷第12期全文刊载。
2. 佛兰克林：现译富兰克林(1706—1790)，美国科学家，避雷针的发明者。
3. 加利里：现译伽利略(1564—1642)，意大利物理学家、天文学家。毕撒，即比萨，意大利西部古城，著名的比萨斜塔坐落于此。
4. 墨辩：指《墨子》中的《经》上下和《经说》上下四篇。
5. 三八主义："三八制"。1886年5月1日，芝加哥20万工人举行大罢工，提出每天工作八小时，学习八小时，休息八小时的要求，通称"三八制"。

马一浮：论六艺该摄一切学术

按 语

1937年，日军攻陷上海逼近杭州，马一浮先生被迫携眷南渡。

在彼时战火连天、时局动荡之下，马一浮应浙江大学校长竺可桢之聘，为南迁学子开设"国学讲座"，作"六艺"之教，讲稿后辑为《泰和会语》与《宜山会语》。

马一浮少时求学于美国、日本，曾与好友谢无量、马君武持续译介、研究西学并声援革命。后来，因认为西方政治学、社会学理论无法解决中国的"国事问题"，而最终回归于以儒学为宗的"本国学问"，将儒学乃至本国学问之精义归为"六艺之学"。其弟子乌以风曾回忆道："先生目睹国事艰难，世道益苦，推求其根源，皆由于学术之大本未明，心性之精微难知。欲挽狂澜，转移风气，非自拔流俗，穷究玄微，不足以破邪显正，起蔽扶衰。"

马一浮眼中的"国事问题"，既是中国的存亡问题，也是中国人的安身立命问题。故而，他一方面倡导国人"公共心"之树立、"群治"国家之建立；而另一方面，又选择了一条"不合时宜"的道路——保存与发展人的"天赋之美性""天赋高尚纯美勇猛之性"，并以此为儒家所提倡之真精神。

由此，他从"横渠四句"出发，认为年轻人应"竖起脊梁、猛著精彩、养成刚大之资"，其关键在于"使诸生于吾国固有之学术得一明了认识，然后可以发扬天赋之知能，不受环境之陷溺，对自己完成人格，对国家社会乃可以担当大事"。进而认为，在社会不平、以邻为壑的国际局势中，惟有"六艺之学"，方为安顿人心、消除国族纷争、促进世界美善之根本归宿。

马一浮所主张的"六艺之学"，与胡适、顾颉刚等人的"整理国故"不同。他将"六艺"之道视为人心同然之理，通过对"普遍价值"之知行的强调，而将西方所倡之平等自由与真善美皆涵括其中。在他的"六艺之学"中，"以'道''人''经典'三者为顶点构成一个互动循环的'两端而一致'的关系"（林安梧语）。因此，"六艺"之教的要旨，并不在增加知识或辨析句意，而在于"成人"。亦即，借由经典之学，使人反求诸己，省悟"仁心"，成就性德，进而能由"仁"行"道"。而他所倡导的教育的根本目的，也正在于教人做一个堂堂正正的人，"竖起脊梁""猛著精彩"，以"仁"为己任。

在"六艺"之教中，马一浮首重诗教。他提出："六艺之教，莫先于《诗》。于此感发兴起，乃可识仁。故曰：'兴于诗。'又曰：'诗可以兴。''诗者，志之所之也，在心为志，发言为诗。'故一切言教皆摄于《诗》。"他认为诗教的根本意义在于激发人的本心之"仁"，亦即昭苏人之"仁心"，故言"诗教主仁"。而唤起"仁心"的关键，便是诗歌所带来的"兴"，即兴发感通之效。如其在《复性书院讲录》中言，"兴便有仁的意思，是天理发动处，其机不容己。诗教从此流出，即仁心从此显现"。因此，在马一浮的"六艺"之教中，经典之学不仅是外在于"我"的学问，更是直通心性的"仁心"启发之道，"学者须知六艺本是吾人性分内所具的事，……吾人性量本来广大，性德本来充足，故六艺之道即是此性德中自然流出的，性外无道也。"

此外，值得注意的是，中国的诗教传统，尽管以"仁心"启发为要，但所谓"仁心"却并非自我关切之心，有"仁心"者亦绝非

"自了汉",而是与"自任以天下之重"的士人精神息息相关。孔颖达称:"心乃是一国之心。诗人览一国之意以为己心,故一国之事,系此一人使言之也。"也就是说,"仁心"所关切的,不止于个人之悲欢离合,而更在于家国天下之事,故能"览一国之意以为己心",继而以"一人"之言述"一国之事"。这里的"一人"便是具有"仁心"的堂正之"人"。其"仁心"愈加挺立,其所"览"所"言"者便愈加广大。

马一浮(1883～1967),幼名福田,后改名浮,字一佛,后字一浮,号湛翁,浙江会稽(浙江绍兴)人;中国现代思想家、诗人、书法家,与梁漱溟、熊十力合称为"现代三圣"(或称"新儒家三圣")。

马一浮先生是引进马克思《资本论》德文版、英文版的中华第一人,并翻译《日耳曼社会主义史》《法国革命党史》《政治罪恶论》等书籍。同时,他也是"现代新儒家"的早期代表人物之一,在古代哲学、经学、文学、佛学上均造诣精深;并且,精于书法,合章草、汉隶于一体而自成一家,于艺术和教育领域均有卓越成就,所著文章后人辑为《马一浮集》。民国时期,马一浮曾应蔡元培之邀,短暂赴教育部任秘书长一职。建国后,曾任浙江文史研究馆馆长、中央文史研究馆副馆长,以及第二、第三届全国政协委员会特邀代表。

以上为本文的相关背景与延展内容。

任晓栋

本文选自吴光主编《马一浮全集》第一册(上),浙江古籍出版社,2013年。

论六艺该摄一切学术

马一浮

何以言六艺该摄一切学术？约为二门：一、六艺统诸子；二、六艺统四部。（诸子依《汉志》，四部依《隋志》。）

甲、六艺统诸子

欲知诸子出于六艺，须先明六艺流失。《经解》曰："《诗》之失愚，《书》之失诬，《乐》之失奢，《易》之失贼，《礼》之失烦，《春秋》之失乱。"学者须知，六艺本无流失，"学焉而得其性之所近"，俱可适道。其有流失者，习也。心习才有所偏重，便一向往习熟一边去，而于所不习者便有所遗。高者为贤、知之过，下者为愚、不肖之不及，遂成流失。佛氏谓之边见，庄子谓之往而不返，此流失所从来，便是"学焉而得其习之所近"，慎勿误为六艺本体之失，此须料简明白。

《汉志》："诸子十家，其可观者九家。"其实九家之中，举其要者，不过五家，儒、墨、名、法、道是已。出于王官之说，不可依据，今所不用。[《学记》曰："师严然后道尊，道尊然后民知敬学。是故君之所不臣于其民者二：当其为尸，则弗臣也；当其为师，则弗臣也。大学之礼，虽诏于天子，无北面，所以尊师也。"此明官、师有别，师之所诏并非官之所守也。《周礼》司徒之官有"师氏掌以媺诏王"，"保氏掌谏王恶"。凡"王举则从，听治亦如之"。师氏"使其属率四夷之隶，各以其兵服守王之门外，且跸"。保氏"使其属守王闱"。此如后世侍从之官。郑注《冢宰》"以九两系邦国之民"，"师以贤得民"，"儒以道得民"，乃以诸侯之师氏、保氏当之，变保为儒，此实于义乖舛，不可从。《论语》："温故而知新，可以为师矣。"又语子夏："汝为君子儒，毋为小人儒。"此所言师、儒，岂可以官目之邪？《七略》旧文某家者流出于某官，亦以其言有关政治，换言之，犹曰某家者可使为某官。如"雍也，可使南面"云尔，岂谓如书吏之抱档案邪？如谓道家出于史官，今《老子》五千是否周之国史？墨家出于清庙之守，今墨书所言并非笾豆之事。此最易明。吾乡章实斋作《文史通义》，创为"六经皆史"之说，以六经皆先王政典，守在王官，古无私家著述之例，遂以孔子之业并属周公，不知孔子"祖述尧舜，宪章文武"，乃以其道言之。若政典，则三王不同礼，五帝不同乐，且孔子称《韶》《武》，则明有抑扬，论十世，则知其损益，并不专主于"从周"也。信如章氏所说，则孔子未尝为卜，不得系《易》；未尝为鲁史，亦不得修《春秋》矣。《十翼》之文，广大悉备，太卜专掌卜筮，岂足以知之；笔削之旨，游、夏莫赞，亦断非鲁史所能与也。"以吏为师"，秦之弊法，章氏必为回护，以为三代之遗，是诚何心！今人言思想自由，犹为合理。秦法"以古非今者族"，乃是极端遏制自由思想，极为无道，亦是至愚。经济可以统制，思想云何由汝统制？曾谓三王之治世而有统制思想之事邪？惟《庄子天下篇》则云："古之道术有在于是者，某某闻其风而说之。"乃是思想自由自然之果。所言"道德不一，天下多得一察焉以自好"，"各为其所欲以自为方"，"道术将为天下裂",乃以"不该不遍"为病,故庄礼道术、方术二名。(非如后世言方术当方伎也。)是以道术为该遍之称,而方术则为一家之学。谓方术出于道术,胜于九流出于王官之说多矣。与其信刘歆,不如信庄子。实斋之论甚卑而专固,亦与公羊家孔子改制之说同一谬误。且《汉志》出于王官之说,但指九家,其叙六艺,本无此言,实斋乃以六艺亦为王官所守,并非刘歆之意也。略为辨正于此,学者当知。]

不通六艺,不名为儒,此不待言。墨家统于《礼》,名、法亦统于《礼》,道家统于《易》。判其得失,分为四句:一,得多失多;二,得多失少;三,得少失多;四,得少失少。例如,道家体大,观变最深,故老子得于《易》为多,而流为阴谋,其失亦多,"《易》之失贼"也。(贼训害。)庄子《齐物》,好为无端崖之辞,以天下不可与庄语,得于《乐》之意为多,而不免流荡,亦是得多失多,"《乐》之失奢"也。(奢是侈大之意。)墨子虽非乐,而《兼爱》《尚同》实出于《乐》,《节用》《尊天》《明鬼》出于《礼》,而《短丧》又与《礼》悖。《墨经》难读,又兼名家亦出于《礼》,如墨子之于《礼》《乐》,是得少失多也。法家往往兼道家言,如《管子》《汉志》本在道家,韩非亦有《解老》《喻老》,自托于道。其于《礼》与《易》,亦是得少失多。余如惠施、公孙龙子之流,虽极其辩,无益于道,可谓得少失少。其得多失少者,独有荀卿。荀本儒家,身通六艺,而言"性恶""法后王"是其失也。若诬与乱之失,纵横家兼而有之,然其谈王伯皆游辞,实无所得,故不足判。杂家亦是得少失少。农家与阴阳家虽出于《礼》与《易》,末流益卑陋,无足判。观于五家之得失,可知其学皆统于六艺,而诸子学之名可不立也。

乙、六艺统四部

何以言六艺统四部？今经部立十三经、四书，而以小学附之，本为未允。六经唯《易》《诗》《春秋》是完书；《尚书》今文不完，古文是依托；《仪礼》仅存士礼；《周礼》亦缺冬官；《乐》经本无其书，《礼记》是传，不当遗大戴而独取小戴；《左氏》《公》《谷》三传亦不得名经；《尔雅》是释群经名物；唯《孝经》独专经名，其文与《礼记》诸篇相类；《论语》出孔门弟子所记；《孟子》本与《荀子》同列儒宗，与二戴所采曾子、子思子、公孙尼子七十子后学之书同科，应在诸子之列，但以其言最醇，故以之配《论语》。然曾子、子思子、公孙尼子之言亦醇，何以不得与《孟子》并？（二戴所记曾子语独多，后人曾辑为《曾子》十篇。《中庸》出子思子，《乐记》出公孙尼子，并见《礼记正义》，可信。然《礼记》所采七十子后学之书多醇。《大学》不必定为曾子之遗书，必七十子后学所记则无疑也。二戴兼采秦汉博士之说，则不尽醇。此须料简。）今定经部之书为宗经论、释经论二部，皆统于经，则秩然矣。（宗经、释经区分，本义学家判佛书名目，然此土与彼土著述大体实相通，此亦门庭施设，自然成此二例，非是强为差排，诸生勿疑为创见。孔子万而系《易》，《十翼》之文，便开此二例，《象》《彖》《文言》《说卦》是释经，《系传》《序卦》《杂卦》是宗经。寻绎可见。）六艺之旨，散在《论语》而总在《孝经》，是为宗经论。《孟子》及二戴所采曾子、子思子、公孙尼子诸篇，同为宗经论。《仪礼·丧服传》子夏所作，是为释经论。三传及《尔雅》亦同为释经论。《礼记》不尽是传，有宗有释。《说文》附于《尔雅》，本保氏教国子亦六书之遗。如是则经学、小学之名可不立也。诸子统于六艺，已见前文。

其次言史。司马迁作《史记》，自附于《春秋》，《班志》因之。纪传虽由史公所创，实兼用编年之法；多录诏令奏议，则亦《尚书》之遗意。诸志特详典制，则出于《礼》，如《地理志》祖《禹贡》，《职官志》祖《周官》，准此可推。记事本末则左氏之遗则也。史学巨制，莫如《通典》《通志》《通考》，世称"三通"，然当并《通鉴》计之为四通。编年记事出于《春秋》，多存论议出于《尚书》，记典制者出于《礼》。判其失亦有三：曰诬，曰烦，曰乱。知此，则知诸史悉统于《书》《礼》《春秋》，而史学之名可不立也。

其次言集部。文章体制流别虽繁，皆统于《诗》《书》。《汉志》犹知此意，故单出"诗赋略"，便已摄尽。六朝以有韵为文，无韵为笔，后世复分骈散，并奍陋之见。"《诗》以道志，《书》以道事"，文章虽极其变，不出此二门。志有浅深，故言有粗妙；事有得失，故言有纯驳。思知言不可不知人，知人又当论其世，故观文章之正变而治乱之情可见矣。今言文学，统于《诗》者为多。《诗·大序》曰："治世之音安以乐，其政和；乱世之音怨以怒，其政乖；亡国之音哀以思，其民困。"三句便将一切文学判尽。《论语》曰："诵《诗》三百，授之以政，不达"，"虽多，亦奚以为？"可见《诗》教通于政事。"《书》以道事"，《书》教即政事也，故知《诗》教通于《书》教。《诗》教本仁，《书》教本知。古者教《诗》于南学，教《书》于北学，即表仁知也。《乡饮酒义》曰："向仁""背义""左圣""右义"。藏即是知。（"知以藏往"，故知是藏义。）教

《乐》于东学，表圣；教《礼》于西学，表义。故知、仁、圣、义，即是《诗》《书》《礼》《乐》四教也。前以六艺流失判诸子，独遗《诗》教。"《诗》之失愚"，唯屈原、杜甫足以当之，所谓"古之愚也直"。六失之中，唯失于愚者不害为仁，故《诗》教之失最少。后世修辞不立其诚，浮伪夸饰，不本于中心之恻怛，是谓"今之愚也诈"。以此判古今文学，则取舍可知矣。两汉文章近质，辞赋虽沉博极丽，多以讽喻为主，其得于《诗》《书》者最多，故后世莫能及。唐以后，集部之书充栋，其可存者，一代不过数人。至其流变，不可胜言，今不具讲。但直抉根原，欲使诸生知其体要咸统于《诗》《书》，如是则知一切文学皆《诗》教、《书》教之遗，而集部之名可不立也。

上来所判，言虽简略，欲使诸生于国学得一明白概念，知六艺总摄一切学术，然后可以讲求。譬如行路，须先有定向，知所向后，循而行之，乃有归趣。不然则博而寡要，劳而少功，泛泛寻求，真是若涉大海，茫无津涯。吾见有人终身读书，博闻强记而不得要领，绝无受用，只成得一个书库，不能知类旁通。如是又何益哉？

复次当知讲明六艺不是空言，须求实践。今人日常生活，只是汩没在习气中，不知自己性分内本自具足一切义理。故六艺之教，不是圣人安排出来，实是性分中本具之理。《记》曰："天尊地卑，万物散殊，而礼制行矣；流而不息，合同而化，而乐兴焉。""礼者，天地之序。""乐者，天地之和。"故曰："礼乐不可斯须去身。""仁者见之谓之仁，知者见之谓之知，百姓日用而不知。"自性本具仁智，由不见故日用不知,溺于所习,流为不仁不知。《礼》《乐》本自粲然,不可须臾离,由于不肯率由,遂至无序不和。今人亦知人类须求合理的生活,亦曰正常生活,须知六艺之教即是人类合理的正常生活,不是偏重考古,徒资言说而于实际生活相远的事。今所举者,真是大辂椎轮,简略而又简略,然祭海先河,言语之序,亦不得不如此。

「经师易得，人师难求」

韩愈：师说

按 语

韩愈（公元768—824年），字退之，唐代中期文学家、思想家，河南河阳（今河南省孟州市）人，自称"郡望昌黎"，世称"韩昌黎""昌黎先生"，有《韩昌黎集》传世。韩愈是唐代"古文运动"的倡导者，被后人尊为"唐宋八大家"之首，与柳宗元并称"韩柳"，有"文章巨公"和"百代文宗"之名，后人亦将其与柳宗元、欧阳修、苏轼合称为"千古文章四大家"。韩愈辞世后，谥号为"文"，故后世称"韩文公"，后又追封昌黎伯，并从祀孔庙。

韩愈重教育，曾任国子博士与国子监祭酒，其在潮州刺史任内，大力延选人才、兴办学校、发展教育，使当时仍为蛮荒之地的潮州得以文化繁兴、社会安定。他颇为重视学校教育对于政治及地方治理的作用，在《潮州请置学校牒》一文中说："孔子曰：道之以政，齐之以刑，民免而无耻。不如以德礼为先，而辅以政刑也。夫欲用德礼，未有不由学校师弟子也。"（韩愈此处所指涉的"教育"，偏重"教化"之意味。）苏轼在其名篇《潮州韩文公庙碑》中盛赞韩愈，"文起八代之衰，而道济天下之溺"，"匹夫而为百世师，一言而为天下法"。

唐贞元年间，韩愈有感于当时讲究形式而内容空疏的文章习气以及儒学正统"不得其传"，同时亦受新禅宗去除繁琐章句而"直指本心""明心见性"以成佛的启发，倡导"以文为诗"，习先秦两汉之文体、作"载道"明理之文章。此即为其发起的"古文运动"，强调"文道合一""文从字顺"，以"复古"之名而通今。韩愈所反对者,其一为汉魏以来崇尚"正义义疏"的汉儒之"章句学";其二为因科举"明经科"而带来的重章句记诵之学风;其三为魏晋以来尚文辞音韵之修饰的骈体文及浮华之文风。而其所倡导者,则是"文所以为道,学所以为理",认为"为文……宜师古圣贤人……师其意,不师其辞",即为"文以载道"。自此,由唐至宋的学术文化和文教风气皆受其影响。

《师说》一文即是在"古文运动"的背景下而作,是对当时"师道不传""耻学于师"之时弊的批评,其重内容说理而袪浮糜华丽之文风,亦是"古文运动"所倡导的"载道"之文的典范。

《师说》借"师"与"学"的话题,实则牵引出了两个重要问题——道统与师道。故而,本篇也可结合韩愈的《原道》篇共读。《原道》与《师说》,被视为后世"道统论"和"师道论"之滥觞。

《师说》中名句,"师者,所以传道受业解惑也",纲举目张地提出了"道"的问题,此"道"为儒家之"道统"。在韩愈看来,儒家"道统"自孟子之后已无承继,而他要做的以及"师"所要传之"道",是为接续与弘扬孔孟以来的儒家"道统",此有别于童子启蒙、知识普及以及"百工"之专门技艺的传授。与之相应的是,他在《原道》篇中,亦提及了"道统"的授受体系。

同时,随"道统"而来的,就《师说》一文而言更重要的是,他所提出的另一个问题——"师道"。在古代中国的儒家传统中,"道统"与"师道",颇有一体两面之意味。钱穆先生曾在《道统与治统》中认为:"道统于师,不统于君,盖自孔子以下,其局已定矣。""道统尊于政统""师统尊于王统",是为先儒的文化理想与政治理想。这一点,于始自两汉的"循吏"传统(儒家背景的官员自觉承担"教化"之责,并视"教化"重于政刑)中,亦可略见一斑。因此,儒家尤为重视学校与教育(无论官学或私学),若"师道"与"君道"相谐（或者说"道"与"治"合一），则常被视为"治世"。值得注意的是，无论"治世"或"乱世"，儒家的"道"皆是"人道"（这相对于尊崇宗教或王权的"神道"或"君道"而言），"师"则是作为"人道"之传扬者和承担者而存在的。故而，"道"与"师"不能分离，"师"是为"道"的代表，"道统"和"师道"这对一体两面的关系因之而成。并且，"师"之于"道统"的关键作用，以及"师"在儒家"政教"系统乃至整个社会中的根本性地位，亦由之确立。

以上，为《师说》一文的大致背景。

任晓栋

师说

[唐]韩愈

古之学者[1]必有师。师者,所以传道受业解惑也[2]。人非生而知之者[3],孰能无惑?惑而不从师,其为惑也[4],终不解矣。生乎吾前[5],其闻[6]道也固先乎吾,吾从而师之[7];生乎吾后,其闻道也亦先乎吾,吾从而师之。吾师道也[8],夫庸知其年之先后生于吾乎[9]?是故[10]无[11]贵无贱,无长无少,道之所存,师之所存也[12]。

嗟乎!师道[13]之不传也久矣!欲人之无惑也难矣!古之圣人,其出人[14]也远矣,犹且[15]从师而问焉;今之众人[16],其下[17]圣人也亦远矣,而耻学于师。是故圣益圣,愚益愚。圣人之所以为圣,愚人之所以为愚,其皆出于此乎?爱其子,择师而教之;于其身也,则耻师焉,惑矣。彼童子之师,授之书而习其句读[18]者,非吾所谓传其道解其惑者也。句读之不知,惑之不解,或师焉,或不焉[19],小学而大遗[20],吾未见其明也。巫医[21]乐师百工[22]之人,不耻相师[23]。士大夫之族[24],曰师曰弟子云者[25],则群聚而笑之。问之,则曰:"彼与彼年相若[26]也,道相似也,位卑则足羞,官盛则近谀[27]。"呜呼!师道之不复可知矣。巫医乐师百工之人,君子[28]不齿[29],今其智乃[30]反不能及,其可怪也欤!

圣人无常师[31]。孔子师郯子、苌弘、师襄、老聃[32]。郯子之徒[33],其贤不及孔子。孔子曰:"三人行,则必有我师。"[34]是故弟子不必不如师,师不必[35]贤于弟子。闻道有先后,术业有专攻,如是而已。

李氏子蟠[36],年十七,好古文,六艺经传皆通习之[37],不拘于时[38],学于余。余嘉其能行古道[39],作《师说》以贻[40]之。

注释:

1. 学者:求学的人。
2. 师者,所以传道受业解惑也:老师,是用来传授道理、交给学业、解释疑难问题的人。所以:用来……的。道:指儒家之道。受:通"授",传授。业:泛指古代经、史、诸子之学及古文写作。惑:疑难问题。
3. 人非生而知之者:人不是生下来就懂得道理。之:指知识和道理。《论语·季氏》:"生而知之者,上也;学而知之者,次也;困而学之,又其次之;困而不学,民斯为下矣。"知:懂得。
4. 其为惑也:他所存在的疑惑。
5. 生乎吾前:即生乎吾前者。乎:相当于"于",与下文"先乎吾"的"乎"相同。
6. 闻:听见,引申为知道,懂得。
7. 从而师之:跟从(他),拜他为老师。从师:跟从老师学习。师:意动用法,以……为师。
8. 吾师道也:我(是向他)学习道理。
9. 夫庸知其年之先后生于吾乎:哪里去考虑他的年龄比我大还是小呢?庸:发语词,难道。知:了解、知道。
10. 是故:因此,所以。
11. 无:无论、不分。
12. 道之所存,师之所存也:意思说哪里有道存在,哪里就有老师存在。

13. 师道: 从师的传统。即"古之学者必有师"。
14. 出人: 超出于众人之上。
15. 犹且: 尚且。
16. 众人: 普通人,一般人。
17. 下: 不如。
18. 句读: 也叫句逗,古人指文辞休止和停顿处。文辞意尽处为句,语意未尽而须停顿处为读(逗)。
19. 或师焉,或不焉: 有的从师,有的不从师。不: 通"否"。
20. 小学而大遗: 学了小的(指"句读之不知")却丢了大的(指"惑之不解")。遗: 丢弃,放弃。
21. 巫医: 古时巫、医不分,指以看病和降神祈祷为职业的人。
22. 百工: 各种手艺。
23. 相师: 拜别人为师。
24. 族: 类。
25. 曰师曰弟子云者: 说起老师、弟子的时候。
26. 年相若: 年岁相近。
27. 位卑则足羞,官盛则近谀: 以地位低的人为师就感到羞耻,以高官为师就近乎谄媚。足: 可,够得上。盛: 高大。谀: 谄媚。
28. 君子: 即上文的"士大夫之族"。
29. 不齿: 不屑与之同列,即看不起。或作"鄙之"。
30. 乃: 竟,竟然。
31. 圣人无常师: 圣人没有固定的老师。常: 固定的。
32. 郯子: 春秋时郯国(今山东省郯城县境)的国君,相传孔子曾向他请教官职。苌弘: 东周敬王时候的大夫,相传孔子曾向他请教古乐。师襄: 春秋时鲁国的乐官,名襄,相传孔子曾向他学琴。老聃: 老子,姓李名耳,春秋时楚国人,思想家,道家学派创始人,相传孔子曾向他学习周礼。
33. 之徒: 这类。
34. 三人行,则必有我师: 三人同行,其中必定有我的老师。《论语·述而》:"子曰:'三人行,必有我师焉。择其善者而从之,其不善者而改之。'"

35.不必: 不一定。

36.李氏子蟠: 即李蟠,韩愈弟子,唐贞元十九年进士。

37.六艺经传皆通习之: 六艺,指六经,即《诗》《书》《礼》《乐》《易》《春秋》六部儒家经典。《乐》已失传,此为古说。经,两汉及其以前的散文。传,古称解释经文的著作为传。

38.不拘于时: 指不受当时以求师为耻的不良风气的束缚。时: 时俗,指当时士大夫中耻于从师的不良风气。于: 被。

39.余嘉其能行古道: 我赞许他能遵行古人从师学习的风尚。嘉: 赞许,嘉奖。

40.贻: 赠送,赠予。

蔡元培:孔子之精神生活

按 语

孔子言:"君子道者三,我无能焉:仁者不忧,知者不惑,勇者不惧。"此即为后世称颂的君子"三德"——智、仁、勇。蔡元培视之为孔子精神生活的三个方面,并在本文中分别加以阐发。他将"多闻""多见"以及对"知"的追求和诚恳,视为孔子爱智之代表,推崇儒家教育中的"君子六艺"。并且,他将通常指向"仁心"培养的"诗教"亦纳入"智"的范畴,更以"知力"的最高点为"道"。借此,不仅赋予追求"知"以崇高意义,更将"爱智"、求"知"与儒家作为"经世"之根本的"道"或者说"道统"问题相关联——求"道"也意味着对"智"的追求,对最广大、最高深之"知力"的追求。由此,"智"在"君子三德"中的意义格外突显;而以"仁心"挺立为要旨的中国古典教育传统,也与西方"爱智"传统隐有遥相呼应之意。他将孔子的"仁"导向了道德境界,以由"亲亲之爱"到"爱众亲仁"的延展为"仁"之起点,以"舍身成仁"为其最高境界,孟子"取义"之意由之而出。于是,"勇"的意义随之而来:"仁""义"为"勇"之基础,且"勇"需得加以节制。

有意思的是,蔡氏以"小不忍则乱大谋""好谋而成""好勇不好学,其蔽也乱"为例来强调"勇"的节制,便使"智"成为隐伏于"勇"之背后的主导,或者说以人之理性主导"勇"之行为。这使"智"的意义再次突显。这一点,与梁启超颇有相类之处。梁启超亦曾借智、仁、勇,"三德",来阐释其"做新民"的主张。其中,尤为突出指向"不惑"的"智",并将其转译为包含知识、智识、智慧三个层次的"判断力"——以判断力之养成为"智"。甚至,不仅将达致"不惑"的智识教育与面向"仁""勇"的"养性"之教分列并举,更以"知"的启蒙教育为优先。然而,在传统的儒家道路中,仁、知、勇虽分为三,却实则皆统一在"仁"这一最高概念之下,更视"君子"的最高境界为"仁者"。因此,不难看出"西学"对于蔡元培这一代人的深切影响,对知识或智识教育的重视以及"援西入儒"的思想方法亦赫然显现,且蔡氏力促中国教育现代转型之举亦可由之略见一斑。

以上为本文的大致背景及信息延伸。

任晓栋

本文选自张圣华编《蔡元培教育名篇》,科学教育出版社,2013年。

孔子之精神生活

蔡元培

精神生活,是与物质生活相对的名词。孔子尚中庸,并没有绝对地排斥物质生活,如墨子以自苦为极,如佛教的一切惟心造;例如《论语》所记:"失饪不食,不时不食","狐貉之厚以居",谓"卫公子荆善居室","从大夫之后,不可以徒行",对衣食住行,大抵持一种素富贵行乎富贵,素贫贱行乎贫贱的态度。但使物质生活与精神生活在不可兼得的时候,孔子一定偏重精神方面;例如孔子说:"饭疏食,饮水,曲肱而枕之,乐亦在其中矣;不义而富且贵,于我如浮云。"可见他的精神生活,是决不为物质所动摇的。今请把他的精神生活分三方面来观察。

第一,在智的方面。孔子是一个爱智的人,尝说:"盖有不知而作之者,我无是也;多闻,择其善者而从之,多见而识之。"又说:"多闻阙疑。""多见阙殆。"又说:"知之为知之,不知为不知,是知也。"可见他的爱智,是毫不含糊,决非强不知为知的。他教子弟通礼、乐、射、御、书、数的六艺,又为分设德行、言语、政事、文学四科,彼劝人学诗,在心理上指出"兴""观""群""怨",在伦理上指出"事父""事君",在生物上指出"多识于鸟兽草木之名"。(例如《国语》说,孔子识肃慎氏之石,防风氏骨节,是考古学;《家语》

说,孔子知萍实,知商羊,是生物学。但都不甚可信。)可以见知力范围的广大。至于知力的最高点,是道,就是最后的目的,所以说:"朝闻道,夕死可矣。"这是何等的高尚!

第二,在仁的方面。从亲爱起点,"泛爱众,而亲仁",便是仁的出发点。他的进行的方法用恕字,消极的是"己所不欲,勿施于人";积极的是"己欲立而立人,己欲达而达人"。他的普遍的要求,是"君子无终食之间违仁,造次必于是,颠沛必于是"。他的最高点,是"伯夷、叔齐,古之贤人也,求仁而得仁,又何怨?""志士仁人,无求生以害仁,有杀人[身]以成仁"。这是何等伟大!

第三,在勇的方面。消极的以见义不为为无勇;积极的以童汪踦能执干戈卫社稷可无殇。但孔子对于勇,却不同仁、智的无限推进,而是加以节制。例如说:"小不忍则乱大谋";"一朝之忿,忘其身以及其亲,非惑欤?";"好勇不好学,其蔽也乱";"君子有勇而无义为乱,小人有勇而无义为盗";"暴虎冯河,死而无悔者,吾不与焉,必也临事而惧,好谋而成者也"。这又是何等谨慎!

孔子的精神生活,除上列三方面观察外,尚有两特点:一是毫无宗教的迷信,二是利用美术的陶养。孔子也言天,也言命,照孟子的解释,莫之为而为是天,莫之致而至是命,等于数学上的未知数,毫无宗教的气味。凡宗教不是多神,便是一神;孔子不语神,敬鬼神而远之,说"未能事人,焉能事鬼?"完全置鬼神于存而不论之列。凡宗教总有一种死后的世界;孔子说,"未知生,焉知死?""之死而致死之,不仁而不可为也;之死而致生之,不知而不可为也"；毫不能用天堂地狱等说来附会他。凡宗教总有一种祈祷的效验，孔子说"丘之祷久矣"，"获罪于天，无所祷也"，毫不觉得祈祷的必要。所以孔子的精神上，毫无宗教的分子。

孔子的时代，建筑、雕刻、图画等美术，虽然有一点萌芽，还算是实用与装饰的工具，而不认为是独立的美术；那时候认为纯粹的美术是音乐。孔子以乐为六艺之一，在齐闻韶，三月不知肉味。谓："韶尽美矣，又尽善也。"对于音乐的美感，是后人所不及的。

孔子所处的环境与两千年后的今日，很有差别；我们不能说孔子的语言到今日还是句句有价值，也不敢说孔子的行为到今日还是样样可以做模范。但是抽象地提出他精神生活的概略，以智、仁、勇为范围，无宗教的迷信而有音乐的陶养，这是完全可以师法的。

据《江苏教育》月刊第5卷第9期，1936年9月出版

钱穆：中国之师道

按 语

钱穆先生向来关注教育问题，并常从中国传统人文教育思想出发，对当代建基于知识分科和实用主义的教育观念及教育体制提出批评。与教育直接相关的，是"师道"的问题。在钱穆看来，教育是一种精神事业，中国文化传统中并未产生宗教，故"中国社会之学校，即已代替其他民族之教会，而中国社会之师道，也已兼尽了教会中的神父与牧师的职责"。由之可见，"师道"之"师"，是不同于通常意义上职业化教师之"师"的。

随"师道"问题而来的，是道统与政统的问题。"尊师重道"是中国社会文化传统中的一个特有精神。钱穆认为，中国传统社会是以师道为中心而维系的，故有"作之君，作之师"一言。而在中国人传统观念中，"师"所代表的道统重于"君"所代表的政统。这一点，始自孔子。孔子首倡"师道"，被称为"至圣先师"，而孔门弟子亦称"夫子贤于尧舜"。为师者的最高理想，不仅能学究天人，将道统传于后人，而且能教人以"成人"。这亦是以孔子为代表。故而，钱穆认为："中国人理想中的'圣'，同时便该是个'师'；而为师者，在理想上也该是个'圣'。"

对于中国传统社会而言，无论教育、文化传承抑或政治传统，在孔子这里皆有一个转折点。孔子之前，教育多为贵族教育，学术掌于宗庙，天文、历法、音乐、农事、医药等皆属史官之职，所谓"王官之学"。自孔子收徒讲学，私学兴起，诸子百家均有徒属，教育之权渐从政府下移至社会。社会自由教育的兴盛，尤以先秦与两宋为典型代表。孔门六艺,非"王官旧统",《春秋》亦为"家言",学术自由风气由之兴起,所谓"家言盛而官学衰"。故而,孔子又被称为"素王"。孔子以前,道统于君,即所谓"王官学";孔子以后,道统于下,所谓"百家言"。可以说,道统于师不统于君,道统重于政统,自孔子以下,这一局面形成并逐渐定型。因此,钱穆先生提出,教育重家言,不重官学,循下统,不循上统,是"中国传统文化的一绝大特点",并且政府亦当"具洪度雅量,不轻肆压制包揽"。

以上为本文的大致相关背景。本文在1969年9月28日发表于中国台湾"中央日报"专刊,谈论中国文化传统中的"师道"及其发展历史。当时台湾地区以9月28日孔子诞辰日为教师节。1970年9月教师节,香港地区的《人生杂志》重载此文。

任晓栋

文章选自钱穆先生著作《文化与教育》(新校本),九州出版社,2014年。

中国之师道

钱穆

中国文化有一特质,即在其无自创之宗教。亦可谓在中国文化体系之内,宗教并未获得一种圆满之发展。此因中国文化传统极重视教育,教育善尽其功能,则宗教自无发展之机缘与必要。

因重教育,故重师。中国第一大圣人孔子即是一位大教育家,后代称之曰"至圣先师"。

孔子是鲁国人,在今山东曲阜,但孔子学生则来自四方,有从齐国来的,有从卫、晋、宋、吴其他各国来的。孔子只是私人授徒,自由讲学;但孔子弟子这一集团,在当时却是国际性的,也可称是世界性的,由中国古话说来,乃是"天下性"的。而且孔子门徒,有贵族、有平民,无身份之别,并有父子同在孔子门下受学的。在那时,孔子并未特创一学校,也未特定某几种课程,只能说有此一集团,但此一集团,也只能说是一教育集团,绝不是宗教集团。

孔子当时,已备受各国敬礼,不仅在鲁国,孔子周游天下,所到各国,如齐景公、卫灵公皆对孔子敬礼有加。我们只可说,孔子乃是以一教育家身份而受各国君主贵族乃及全社会敬礼者。故中国人尊师之风,乃自孔子而开始。

迨孔子死了，那时孔门弟子，群议如何来为其师行丧礼。中国人一向重礼，在家庭，在国家，在社会皆有礼。如父子之礼，夫妇之礼，兄弟长幼之礼，君臣之礼，朋友之礼，人与人相处相交接则必各有礼，但师弟子之关系，其获得重视，则由孔子始。故孔子之卒，乃无一项师弟子间之丧礼可资遵行。孔门弟子乃依照丧亲之礼来丧其师，当时并无此礼，而孔门弟子具有此心，故称之曰"心丧"。大家在孔子坟上，盖草室住下，此之谓"庐墓"，庐墓三年，乃是丧亲大礼，弟子们都在孔子坟上草室中住了三年，此实是一种大礼，但亦是一种非礼之礼。

三年满了，大家各自回去，只有子贡在孔子坟边草室又继续住下三年。这大概因当时弟子们心不忍去，而又不得不去，子贡年辈较长，他经济情形亦好，所以由他来代表弟子们再住三年。临去的都向子贡流涕揖别，让子贡独自留下。

当时来祭奠孔子的，各自随身携带其本乡特产树木一种，栽在坟上，留作纪念，遂有所谓孔林。年代久了，那些树木相继枯萎，但仍不断有人接种，因此两千五百年来，孔林葱郁如旧。相传有子贡手植桧一枝，则历久尚存，今孔林尚有一石碑标明此树。

我们当知，今世界各大宗教教主遗迹，大体上都由后来教徒创立，只有孔林，乃由孔子身后直接遗传，其亲切而自然，其庄严醇朴，亦可谓世界各大宗教乃无出其右者。要讲中国文化传统下尊师之风之原始，则我们必从孔林讲起。

但此所谓"庐墓心丧"之制，也只有孔子一人如此，此下尊师之风相传无替，而心丧庐墓则绝少奉行。此因孔子大圣，后之为师者固不敢自比孔子，为弟子者亦不敢尊其师上拟孔子。然教育事业则终自与宗教不同。孔子虽为中国后代一大宗师，但绝非中国社会一大教主，此层亦当明辨。

孔子以后，其弟子讲学四方，亦备受尊礼，如子夏为魏文侯师，而子夏弟子田子方，魏文侯亦仍以师礼事之。及至孟子，后车数十乘，从者数百人，传食诸侯，当时大国显君，如梁惠王、齐宣王，他们尊礼孟子，其实亦只是一种尊师之变相。在战国时，各国君王贵族尊贤下士之风，实也是由尊师之礼递变而来。当时百家争鸣，而各家大师俱受社会上下尊礼，此等亦皆是尊师。故战国时代，亦可称为师道大行，尊师之风达于极盛之时代。

下则楚汉相争，在兵荒马乱中，汉高祖路过曲阜，那时在曲阜孔家，还是有许多学者群集讲礼，汉高祖本是一粗人，心下有感，亲到孔林祭拜，那时距孔子之卒已快近三百年，而孔门乃成为世代相传一讲学之地，故孔家子孙，直从春秋末到汉初，世系传袭，他们的名字和生卒年寿等，皆一一明白可考。此非孔家一家之事，乃是其时学术界群力所致。自此历代相传，直至目前，孔家世系，还是绵延不辍。单据此一点论，全世界亦再没有第二人可和孔子相比。换言之，亦见中国社会之尊师，在全世界，亦更无其他民族可比。

自汉以下，不仅曲阜孔林屹然常在，而且全中国，每一行政区域，每一地方政府所在地，必有一孔庙，奉祠孔子。在清代，孔庙前必有一碑，上镌"文武官员军民人等到此下马"字样。不知此制起于何时，要之尊孔即代表着"尊师"，而中国社会上下尊师之礼历久勿替，亦即此可见。

历代帝王，除祭祖先外，尚有两大祭，一是祭天地，一是祭孔子。我们也可说，中国文化系统中有"三大统"并受重视。一是"血统"，此是家属伦理，凡子女必祭其祖先。一是"政统"，尊君即所以重政统。一是"道统"，或称学统，尊师即所以重道统。此三大统又向上绾结于"天"之一大统。中国社会天、地、君、亲、师五者并重，其意义即在此。此乃中国文化传统精神所寄，中国文化传流之得以一脉相承，数千年传递不绝，此是一大关键。

中国历代帝王，主政统者，亦必知尊道统。王子贵胄们必受教育，而以王太子为尤然。汉高祖以下，如惠帝、文帝、景帝以至武帝，在其未即王位前，皆必拜师受教。武帝师赵绾即是一儒家，崇奉孔子之道者，武帝十六岁即位，赵绾及其同学王臧即在朝用事，又召其师申公来，故武帝初即位即崇儒，此乃其幼年教育之影响。

及后设太学，此乃中国有国立大学之始。汉光武乃是王莽时代一太学生，故东汉中兴，光武即特别重视教育。其子明帝、孙章帝皆在宫中受极严格之师教。光武在太学中习《尚书》，故明、章两代皆受《尚书》。章帝师张酺为东郡太守，章帝东巡泰山，过东郡，张酺谒见，章帝先备师弟子之礼，令酺讲《尚书》一篇，酺上坐，帝下坐听讲。然后再修君臣之礼，帝上坐，酺下坐白事，此在中国历史上，永传为帝王尊师之一段佳话。

政统本该与道统相一致，而师弟子亦相成为一体。若无师，安得有弟子；若无弟子，亦安得有师。在西汉时，朝廷有大政事，太学博士均得出席廷议。博士即如今之大学教授，虽不任官职，但朝廷大政亦备咨询，可自由表达意见。到东汉章帝后，太学愈盛，太学生多至三万人。那时太学，并无如近代大学分院分系之详，学生多了，博士无可传授，只有倚席不讲。但一辈太学生聚集中央政府下，渐渐养成一种清谈之风，论学论政，他们由弟子替代了师，亦获得当时政府和社会之重视。

下到三国两晋以下，师道凌替，虽有太学，形同虚设，教育退缩到门第中去。而其时印度佛教传入，于是遂有宗教师之出现。此等宗教师，国外来的如佛图澄、鸠摩罗什，国中自兴起的如道安、慧远等，皆受政府及社会之尊礼。大体上分别而言，如佛图澄、鸠摩罗什，因其是胡人，更受北方五胡君主崇奉。而中国僧人则在社会上受重视。尤其如道安，他先居河北，后投襄阳，终赴长安，所到之处都随带大批僧徒，受人供养，大有孟子气派。慧远则仍居庐山，与社会接触不多，当亦隐然为一时之重镇。我们当知，佛教在当时所以畅遂流行，中国社会上下自古相传那一种尊师之风，实亦为其重要一契机。北周武帝灭北齐，下马即去拜访北齐名儒熊安生，熊安生亦早先料到，命其家人扫门以待。可见尊师之风，那时还依然存在。

下到唐代，凡僧必称师，朝廷亦奉僧人为国师。儒学则日见衰替，独有一韩昌黎挺身辟佛，他著有《原道》与《师说》两篇大文，要重振儒道，则必重唱师道。但那时亦只有韩昌黎,敢于自为人师,同时如柳宗元,他拒绝人称他为师,有"蜀犬吠日"之喻,说他不敢效韩昌黎,若亦自居为师,岂不将招惹举世笑骂。但韩昌黎虽竭力辟佛,在他文章中,遇僧人亦必称师,此乃社会习俗已成,亦是无可如何,而韩昌黎在当时,实亦没有发生大影响。

宋代始是师道复兴。胡瑗在苏、湖讲学,朝廷礼聘他去太学,并依照苏、湖成法制为太学制度。又在各州郡大兴学校,但当时人看重师资,更重于看课程,若无师资良选,学校宁愿不办。因此各地地方学兴废不常,而私家讲学,则代之而兴。当时的理学家则必然以师自居,与普通学者文人不同。如谢良佐宰应城县,胡安国以典学使者行部,不敢问以职事,却修后进礼进见,并向之问学,亦传为理学中一佳话。

在此值得一提者,在宋代,不仅皇太子须入学,即皇帝亦置讲官及听讲。神宗时王安石为讲官,争天子须立听,讲官须坐讲。谓讲官不尊于天子,但所讲者道,天子尊道,则当立而听。讲官坐讲,非以自尊,乃以尊道。其后程颐为哲宗侍讲,亦争坐讲之礼,惟司马光主尊君,乞仍立讲,而皇帝坐听。其实王程两人所争,即是中国传统文化中尊师大道所系。如汉章帝对张酺,亦是师弟子之礼与君臣之礼分别而行。佛教徒亦有"沙门不拜王者论",亦是说道统不当屈服于政统。但宋代讲官又称"经筵",其实经筵一辞源起唐代,僧人设座讲经称经筵,宋廷讲儒家经典,而仍误用佛家名辞于不自觉,到明代,则更正式用"经筵"为官名了。

现在我们说宋代为中国社会师道复兴时期,大体应是不差,此于当时理学兴起有大关系。元代社会,理学已普遍受尊重,其时书院特盛。地方官新上任,必先拜谒书院老师,又必赴书院听讲,书院的教授老师们遇地方官来听讲,必举地方利病以及从政要道为讲题,这一点也是值得提及。

明清两代尊师风气,大概率承之宋代,即如王阳明,身居巡抚要职,在军务倥偬之际,也常有一辈学者弟子们相随讲学。曾文正在晚清,膺戡平洪杨之重任,在其军中,幕府宾僚一时称盛。但此辈宾僚中,亦有大部分,只是来相从讲学,不负责实际任务。在中国社会上下心理上之所反映,似乎做大官还不如当大师更受重视。

又如晚明东林党,本只是十几个书生在一地方性书院中相聚讲学,但风声所播,震撼朝廷,中央大吏亦纷起响应,激起了政治上很大浪潮,直至满清入关,此风还在延续,尚有学者们在都讲学,不少达官贵人前往听讲。当知此等风气,亦是从尊师传统下递禅演变而来。

上所述说,其可指出中国社会之尊师传统,在中国整个文化传统中所占之地位。但同时亦可说明,苟非中国文化传统整个存在,此项尊师传统亦难单独保留。今再申说,中国社会尊师传统之特殊意义,为并世其他民族所无,而卓然成其为独出之所在。一则师与君并尊,故曰"作之君,作之师"。二则曰师与亲并尊,故师卒有"心丧"。三则曰师之主要责任在传道,故曰"师严而道尊",又曰"尊师重道"。而道统之在中国传统文化中,实占最重要之地位。实则古人言道统,即犹今人言文化传统。辞虽异而实则一。政统数百年必变,道统则与民族而并存。

就宗教言,佛有三宝,曰佛、法、僧。中国文化中之师,即犹如各大宗教之有僧侣。换言之,师即是道之代表与传递人,亦即是文化传统之代表与传递人。故中国人又曰:"经师易得,人师难求。"经籍所讲,虽亦是古圣人所说之道,但若只保有三藏十二部经,而无说法人,又若人说法而无以身作则之名德高僧依法修行,此将不成为一名符其实的僧院与佛寺。中国社会一向所期望于师者,实乃如各大宗教之期望于僧侣,无论是幼学启蒙之师,乃至讲学论道之师,要之师之为业,必当明道作人,担负起人生中最伟大最崇高之职务。

此一百年来,中国社会正在极度激荡震撼中,首先是大家对自己民族文化传统失去了信心。因此历史上是否真有此一套道统,而此一套道统又是否值得保留与发扬,亦已在人人心上生起了问题。而且此一百年来,教育制度,正在逐步革新,智识传授,成为惟一目标,德育群育,退处不重要之地位。大前提在变,则所谓师道之内涵意义自亦随而变。今日学校中教师,则成为纯职业性的自谋生活,社会亦以此来衡量教师之地位。为父母者,孰不对其子女抱有远大之希望,然所希望者,只在获得学校一张文凭上。只重视子女能入学,却并不连带重视到学校中之师,此已成为普遍现象。在此时期而来谈文化旧传统下之师道,亦如白头宫女,闲话天宝遗事而止。

此下的中国,是否真要全部的舍其旧而谋其新,抑或还是要回过头来,复兴文化以为立国之要图,抑或折衷于二者之间?必将有一选择。不论选择哪一边,要到达目标,则仍必以教育为首务。要教育善尽其职,则仍必要复兴师道。学校教育决不能像今天般只是一职业预备所,只是一知识贩卖场。学校该能做人明道则仍是中国自古相传师道之重任所在。目前社会纵不尊师,为师者应先自尊自重,互尊互重,中国古人所谓敬业、乐群,为师者,大家自应敬此师业,乐此师群,而后师道乃可以复兴。

今再综述要旨,要复兴文化,必当复兴师道。纵说要舍旧谋新,尽量破弃旧传统,建立新风气,但此一期望,仍必要仰仗教育,尊重师道。换言之,则仍必要复兴中国文化传统之此一部分,乃始有基址可立,道路可循。若如今天般,师道扫地,使下一代只知获得些知识,谋求一职业,则师道尽而人道亦尽,到头只是一场空。我辈担任师职者,对此不应不特加警惕。

马一浮:复性书院开讲日示诸生

按 语

1939年,马一浮先生在四川乐山乌尤寺创建复性书院。1946年5月,马一浮离开乌尤山回到杭州,也将复性书院一并迁至杭州。1948年秋,因国民政府经济崩溃之故,复性书院正式宣告结束。此时距离书院筹建之始,正好十年。

马一浮认为,教育最根本的目的在于,教人做一个堂堂正正的人,"竖起脊梁""猛著精彩",以"仁"为己任。故而,复性书院的办学,旨在"讲明经术,注重义理,欲使学者知类通达,深造自得,养成刚大贞固之才"。在此主导下,书院教学主要以《诗》《书》《礼》《易》《乐》《春秋》等儒家经典以及据此所阐发的"义理"为内容,课程主要分通治、别治二门,设主讲、讲友、都讲等教职。复性书院办学以学制独立、学术独立、政治经济独立为三大原则,并尤其强调学术自由。同时,马一浮提出四条"学规",作为书院学生的"立心之本,用力之要":主敬为涵养之要,穷理为致知之要,博文为立事之要,笃行为进德之要。书院鼎盛时期,梁漱溟、谢无量、赵熙、沈敬仲、钟泰、钱穆等人先后前来讲学,一时名家云集、声名远播。

马一浮先生以"复性"命名书院,蕴含"自明诚"而"复其本然之善"之意,并以通向"自明诚"的"复性"为教育宗旨。"复性"者,依马一浮之言意为:"教之为道,在复其性而已矣。"儒家经典《中庸》言:"天命之谓性,率性之谓道,修道之谓教。"由此,马一浮通过"自诚明"与"自明诚"之辨以彰显教育的意义。在对复性书院名称旨趣的阐释中,他提出"自诚明谓之性,自明诚谓之教。教之为道,在复其性而已矣。今所以为教者,皆囿于习而不知有性。故今揭明复性之义以为宗趣"。

在马一浮看来,"自诚明"即为率性,是天命之性得以自然展开、流畅亨通,此亦为"圣人之道"。"自明诚"则意味着人自"明"而"诚"又复其"诚"的过程;亦即,人通过反省自查、反求诸己,以致"去习""无妄",从而复归于至善的天命之性。如其在本文中所说,"学而至于圣人,方为尽己之性"。而这个过程——达致"自明诚"的"复性"之路,就是教育的过程。

马一浮在《论六艺统摄于一心》中言:"圣人之教,使人自易其恶,自至其中,便是变化气质,复其本然之善。此本然之善,名为天命之性,纯乎理者也。"由此,"复性"的意义进一步彰显:尽管"善"或德性为"常",是人之"本然",但常人皆需经过一番功夫才能复其性。这番功夫,便是变化气质的"复性",亦为去"习惑"或去蔽的过程。

马一浮的"复性",虽旨在复归人的"本然之善",但并不意味着这是一种简单恢复,而更强调一种藉由为学而至"尽性"并且践履之的修养工夫。他格外推崇张载的"四句教",并以此为儒者立志之要,曾言:"盖人心之善端,即是天地之正理。善端即复,则刚浸而长,可止于至善,以立人极,便与天地合德。"这人心之"善端",便是通向儒者之"仁"的起点。为学者最要紧的,便是识仁、好仁、求仁,而这一切的起始则是人的恻隐之心。换言之,为学者要能学有所成,最基本、最起始的便是对日常人生与民生疾苦有所感,而忌麻木不仁、"无感觉、无活力"。这不仅是人之"仁心"或具有大气象之儒者的发端,也是"人皆可为尧舜"的意义所在。众人所秉持的天命之性,本与圣人并无不同;而

"仁"之不明"道"之不行，皆因众人囿于人欲习气之故。因此，圣人可由学而成。进一步说，借由"去习""无妄"的"复性"之路，寻常百姓亦可成就圣贤人格。

与此同时，马一浮认为："学问却要自心体验而后得，不专恃闻见；要变化气质而后成，不偏重才能。"这意味着，在马一浮眼中，"复性"实为人的自我明悟、自我觉醒的过程，因此"复性"之教育的要旨，便在于学生的自觉与自明。这一点，带来了他在"经典"教育（亦为"六艺之教"）上的一大重要主张：经典教育之要务，不在于传授知识、辨析句意乃至了解历史进程、学术源流，而在于昭苏人之至善性德、成就圣贤人格。在这个意义上，他的"六艺之教"，实则是教人何以明心见性，使人能由仁行道；其所关切的实为当下而非考古，所真正注重的是"人类合理的正常生活"。换言之，他视"六艺之学"为人本心自有的德性之学，并非历史文本或客观知识，而是活着的、由人心中自然流露的一贯之道或"人心同然之理"。

以上为本文的相关背景和延伸内容。

任晓栋

本文选自吴光主编《马一浮全集》第四册，浙江古籍出版社，2013年。

复性书院开讲日示诸生

马一浮

天下之道,常变而已矣。唯知常而后能应变,语变乃所以显常。《易·恒》之《象》曰:"雷风,恒;君子以立不易方。"夫雷风动荡是变也,"立不易方"是恒也。事殊曰变,理一曰常。处变之时,不失其常道,斯乃酬酢万变而无为,动静以时而常定。故曰:吉凶之道,"贞胜者也"。观其所恒,而天地万物之情可见矣。今中国遭夷狄侵陵,事之至变也;力战不屈,理之至常也。当此塞难之时,而有书院之设置,非今学制所摄,此亦是变。书院所讲求者在经术义理,此乃是常。书院经始,资用未充,斋舍不具,仅乃假屋山寺,并释迦奠之礼而亦阙之,远不逮昔时书院之规模,此亦处变之道则然。然自创议筹备诸公及来院相助诸友,其用心皆以扶持正学为重;来学之士,亦多有曾任教职,历事多师,不以自画而远来相就,其志可嘉,果能知所用力,亦当不后于古人,此又书院之常道也。时人或以书院在今日为不亟之务,视为无足重轻;或又责望备至,病其规制不广。前者可置不论,后者亦未察事情。盖力愿之在己者是常,事物之从缘者是变。常者,本也;变者,迹也。举本则范围天地而不过,未足以自多也;语迹则行乎患难而无辞,亦未足以自沮也。凡我书院同人,固不宜妄自菲薄,卒安于隘陋；亦不可汰然自许，有近于奢夸。如是则大行不加，厄穷不闵，持常以遇变，不累于物而有以自全其道矣。至于师资之间，所望熏习以渐，相喻益切，斯相得益彰。不务速化而期以久成，不矜多闻而必求深造。唯日孜孜，如恐弗及。因时而惕，虽危无咎。如是则气质之偏未有不能化，学问之道未有不能成者。盖人之习惑是其变，而德性是其常也。观变而不知常，则以己徇物，往而不反，不能宰物而化于物，非人之恒性也。若夫因物者，不外物而物自宾；体物者，不遗物而物自成。知物各有则，而好恶无作焉，则物我无间。物之变虽无穷，而吾心之感恒一，故曰"天下之动贞夫一者"，言其常也。老氏亦曰："不知常，妄作凶。"故天下之志有未通者，是吾之知有未致也；天下之理有未得者，是吾之性有未尽也。睽而知其类，异而知其通，"易简而天下之理得"，夫岂远乎哉！穷理尽性，明伦察物，是人人分上所有事。不患不能御变，患不能知常；不患不能及物，患不能尽己。毋守闻见之知，得少为足；毋执一隅之说，以蔽为通。讳言病而拒药者，将不可医；不自反而责人者，必至丧己。骛广者易荒，近名者亡实。扬己矜众，并心役物，此皆今日学者通病，其害于心术者甚大。诸生虽才质志趣并有可观，其或狃于旧习而不自知，有一于此，必决而去之，然后于经术义理之学方能有入。语有之："为山假就于始篑，修涂托至于初步。"儒者先务立志，释氏亦言发心，此须抉择是当，不容一毫间杂。圣狂由此分途，惑智莫能并立。随时变异以从道，斯知变矣；夭寿不贰以俟命，斯知常矣。君子小人之归，吉凶悔吝之渐，系乎当人一念之辨而已。敬则不失,诚则无间。性具之德,人人所同,虽圣人不能取而与之。学而至于圣人,方为尽己之性。此乃常道,初无奇特。须知自私用智,实违性德之常;精义入神,始明本分之事。书院师友所讲习者,莫要于此。今当开讲之初,特举是以为说。当知此理平实,勿谓幽玄;此语切近,勿谓迂阔。《说命》曰:"敬逊务时敏,厥修乃来。"程子曰:"'敬'之一字,聪明睿知皆由此出。"君子进德修业欲及时也,诸生远来不易,当念所为何事。敬之哉!毋怠毋忽。若于此能循而行之,庶几可与共学,可与适道矣。

潘光旦：何为士的教育（节选）

按 语

何为"士"？何为"士"的精神？

《论语·子罕》中说："子曰：'知者不惑，仁者不忧，勇者不惧。'"不惑、不忧、不惧，这是"士"立身处世的气度。

《横渠语录》中的四句教："为天地立心，为生民立命，为往圣继绝学，为万世开太平。"这是"士"致力坚守的道统。

以上二者，一则指向内在的精神气度，一则指向外在的处世态度，这"内""外"两重意涵，构成了"士"的重要特质。

《论语·泰伯》言"士不可以不弘毅，任重而道远"。也就是说，"士"需有"弘毅"之德。"弘毅"之意，亦为宽宏、坚毅。立身处世，宽宏不易而坚毅尤难。儒家传统中，成为有"弘毅"之德的士人，意味着需要挺立起不趋名利、不畏权势、不随人群的精神；后来梁漱溟先生更将孔子的"刚"与"乐"结合，补充了不忧成败、不囿得失之意，将"弘毅"的内涵又加深了一层。

那么，为何"士"需有"弘毅"之德，或者说要重视"士"的精神？余英时先生曾在对中国士人传统的分析中，提出"文化托命"的问题。"士志于道"的孔子、"民贵君轻"的孟子、"道法自然"的老子和"兼爱""非攻"的墨子，是中国历史上最早的"文化托命"之人，而他们所开启的，即为后来的"士"所矢志坚守与代代承继的独立于权力系统的文化道统。也正是基于"士"的精神和传统，孔子以降的古代中国，即树立起了道统尊于政统、师道尊于君权的价值体系。文化托命,这便是"士"的价值与意义。

在此背景下,出身"西学"的社会学家潘光旦先生,于中国教育的现代化进程中,面对公民教育、知识教育、人才教育的洪流,重新主张"士的教育"。

潘光旦(1899年8月—1967年6月),字仲昂,原名光亶,又名保同,笔名光旦,著名的社会学家、优生学家、民族学家,主要著作包括《优生学》《人文生物学论丛》《中国之家庭问题》等,并与叶企孙、陈寅恪、梅贻琦并称为清华百年历史中的"四大哲人"。

在教育思想上,潘光旦先生力倡"通才"教育,批评专业化教育之弊,提出了立足于人本身的"位育"的教育主张。费孝通先生赞之为:"发挥了中国儒家的基本精神,利用现代科学知识力图为人类寻求一条中和位育、遂生乐业之道。"

值此新学年开端之际,重读其《何为士的教育》一文,既为纪念潘先生的智慧与风骨,亦为在此新学期肇始之时,重审为学中的"立志"与"弘毅"之意、"成人"与"成材"之辨、"养性"与"智识"之道。

任晓栋

原文选自潘光旦《政学罪言》,群言出版社,2013年。原文标题为《国难与教育的忏悔》,本文标题为后人编辑修订所加。

何为士的教育(节选)

潘光旦

近代所谓新教育有许多对不起青年与国家的地方。自国难一天比一天的严重,而此种对不起之处才一天比一天的无可掩饰,至最近且到一完全暴露的地步。这种对不起的地方可以用一句话总括起来说:教育没有能使受教的人做一个"人",做一个"士"。

近代中国的教育没有能跳出三个范围:一是公民、平民或义务教育,二是职业或技能教育,三是专家或人才教育。这三种教育和做人之道都离得很远。第一种目的在普及,而所普及的不过是识几个字,教大众会看简单的宣传文字;说得最好听,也无非教人取得相当的所谓"社会化",至于在"社会化"以前或"社会化"之际,个人应该有些什么修养上的准备,便在不论不议之列。第二种教育的目的显而易见是专教人学些吃饭本领;绳以"衣食足而后知荣辱"的原则,这种教育本是无可厚非的。但至少那一点"荣辱"的道理应当和吃饭的智能同时灌输到受教育的脑筋里去,否则,在生产薄弱,物力凋敝的今日,也无非是教"不夺不餍"的风气变本加厉而已。第三种所谓人才教育最耸人听闻,其实充其量也不过是一种专家教育以至于文官教育,和做人做士的目的全不相干:弄得不好,造成的人才也许连专家都当不了,文官都考不上。每年毕业的好几千的大学生不就是这样么?

什么是士的教育?在解释以前,我们不妨先列一个很简单的图表:

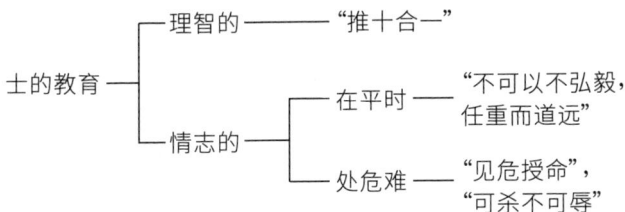

《说文》在士字下引孔子的话说:"推十合一为士。"读书人最怕两种毛病,因为是最不容易避免:一是泛滥无归,二是执一不化。梁任公先生某次评阅学生的卷子,在评语里自称为一个"泛滥无归"者,这在梁先生也许是一种自谦之词,但这一类的读书人目前正滔滔皆是。泛滥无归的人患在推十之后,不能合一;执一不化的人,患在未尝推十,早就合一,这里所谓合一的合字,实际上是不适用的,因为其间并没有多少可合的内容。

士的教育也着重情绪和意志的培养。说"士不可以不弘毅,任重而道远",是所以备平时。说"士见危授命""士可杀不可辱"是所以备危难。以生命做一种理想的拥护者,是士的最后也最有力的一枚棋子。而其所以能如此,则端赖平时的培养工夫。所谓弘,指的就是情绪的培植;用情有对象,这对象是唯恐其太渺小,太零星。所谓毅,指的是意志的训练,持志有方法,这方法是唯恐其太散漫,太不能持久。张横渠所谓"不以见闻梏其心",是弘。孟子所谓"持其志,无暴其气",是毅。用今日流行的语气来说,前者是有度量,有气魄,后者是能沉着,能撑得住气。久已成为口头禅的仁义二字,其实所指也无非这两层意思。朱子有两句话说得很好:"义之严肃,即是仁底收敛。"严肃时即是毅,未收敛时即是弘。弘毅之至,一个人才敢希望于必要时走成仁取义的一步。

实践士的教育,须要两个步骤。第一是立志,就字义说,志是心之所在,或心之所止,即指一人的生命总得有个比较认清楚的目的,也就是要打定一个健全的立身处世的主意。第二要学忠恕一贯的道理。读者到此,可能要说我越说越开倒车;其实开倒车并不是一个罪名,平沪车开到北平后,仍然要开回去的。不过我未尝不准备给这些古老的名词一个比较新鲜而易于了解的解释。忠就是笃信,外国人叫作conviction,说得更近代些,就是一个人总得有个轻易不肯放弃的立场。恕就是容忍,外国人叫作tolerance,说得更近代些,就是一个人同时也得见到和谅解别人的立场。

其实这何尝不是以前的人造字的本意?忠字从中从心,董仲舒说得好,"心止于一中者,谓之忠,持二中者,谓之患";一个人没有立场,或立场随便改换,甚至于覆雨翻云,朝秦暮楚,总不能说是很健全吧,不健全就是患。恕字从如从心,就是"他人有心,予忖度之"的意思。说忠恕一贯,就指两方面要兼筹并顾。能忠不能恕的人是刚愎自用的人,是党同伐异的人,是信仰一种主义而至于武断抹杀的人。能恕不能忠的人是一个侈言自由主义的人,动辄以潮流不可违拗，风气不能改变，而甘心与俗浮沉，以民众的好恶为依归的人。这两种人目前又正滔滔皆是，而其所以致此之故，就在以往二三十年的所谓新教育没有教我们以忠恕一贯所以为士之道；没有教我们恕就是推十，忠就是合一，恕就是博，忠就是约……这一类先民的教育经验。

别种教育，例如识字教育，吃饭教育，文官教育等等，多少可以补习，可以追习，唯有士的教育不行，非在青年期内学习不可。青年有四个心理的特点：一是易于接受外界的刺激与印象；二是富有想象力与理想；三是易于唤起情绪与激发热诚；四是敢于作为而无所顾忌。这原是人生最可宝贵的四个特点，生命的尊严，文化的灿烂，都从此推演而出。不过它们有三四个危险：一是流放，二是胶执，三是消沉，四是澌灭。前三种危险在青年期以内便可以发生，后一种则大都在青年期以后。青年人的心理特点虽因年龄期而大致相同，而其整个的品格的表现则往往因遗传的不同而有个别之异。这种差别，约而言之，又不出狂与狷二途。

大概率狂的易流于放浪，而狷的易趋于胶执。放浪之极，或胶执之极，而一无成就，则"暴气"而不能"持志"的结果，势必转趋消沉，而消沉之至，竟有以自杀做最后的归宿的。所谓流放，初不必指情绪生活的漫无节制，举凡读书时代兴趣的泛滥无归，学科的东拉西扯，无选择，不细嚼，以及理想的好高骛远，不切事理，纷然杂陈，莫衷一是，都可以算作流放的表示。胶执的则恰好相反。有一知半解，便尔沾沾自喜，以为天下的事理，尽在于此，以为社会国家的彻底改革，非此不成，甚或以白日梦作生涯，以空中楼阁为实境，以精神分析派所称虔诚的愿望当作已成的事实，引为立言行事的根据。这两种趋势，方向虽有不同，而结局则往往相似，即不是一朝自觉而急转直下以趋于出家或自杀的途径，便是不自觉地变为疯狂，永久的，完全的，以幻作真，以虚为实，而再也不能自拔。

至于第四种的危险，即青年心理特性的渐灭，则往往在青年期以后。我们时常看见有人，在学生时代是何等的好奇爱智，何等的充满了理想与热诚，何等的志大言大，敢作敢为；一出校门，一入社会，一与实际的物质与人事环境，发生接触，便尔销声匿迹，同流合污起来。求智欲很强烈，理想很丰富的会变做故步自封，患得患失；以天下国家为己任的会变做追名逐利，狗苟蝇营；家庭改革的健将，会变做妻子的奴隶，儿女的马牛。一言以蔽之，这种人的言行举措，前后会如出两人。何以故？青年的特性已经渐灭故。

如今士的教育的效用无他，就是要调节与维持这种种青年的特性；调节，所以使不流放，不胶执；维持，所以使不消沉，不渐灭。讲博约，讲忠恕，讲推十合一，即所以调节流放与胶执两种相反的倾向，使不但不因相反而相害，而使恰因相反而相成。讲立志，讲弘毅，讲自知者明，自胜者强，以任重道远相勖勉，以富贵不淫，贫贱不移，威武不屈相期许，险阻愈多，操守愈笃，至于杀身毁家而义无反顾；这些，即所以维持青年期内那种热烈的情绪与敢作敢为的无畏精神。再约言之，士的教育，一面所以扶导青年的特性,使发皆中节,一面所以引申此种特性,使不随年龄与环境之变迁而俱变。唯其在青年期内发皆中节,到了青年以后的中年与老年,进入学校环境以外的国家与社会,才有余勇可贾,才能负重任而走远道。

「生活即教育」

陶行知：生活即教育

按 语

本文是1930年1月16日至2月7日在晓庄学校举行的全国乡村教师讨论会中，陶行知先生的一次讲演，由其学生戴自俺和孙铭勋记录整理而成。后于1930年3月29日，发表于《乡村教师》第9期。

这篇讲演是陶行知第一次对其"生活教育"理论进行系统阐述。在陶行知的"生活教育"理论中，有两个核心命题："生活即教育"和"社会即学校"。溯其源流，这两个命题来自美国教育家杜威的"教育即生活"和"学校即社会"。杜威是在批判传统教育脱离生活的语境中提出这一思想，并由之提出"在做中学"的主张。他也由此被视为现代教育派的代表，其思想亦构成了现代教育思潮的主要内容。随着1919—1921年杜威的中国行，其教育理论在中国产生巨大影响，甚至被奉为中国教育改造和教育现代化的指导。

用陶行知的话说，他的"生活教育"理论是将杜威的理论"翻了半个筋斗"。因之问题的方向发生了一些变更：生活和社会，成为了核心。亦即，在陶行知的语境或者说在彼时的中国社会中，先考虑何为生活，而后是建基于生活的教育；先考虑"人生需要什么"和过什么生活，而后受何种教育。事实上，在陶行知讨论"生活"与"社会"的问题时，是常与平民教育的问题相关联的,也因此他会将"生活教育"的问题延伸到民众运动和社会运动的问题中。陶行知平民教育的宗旨在于"要叫种种人受平民化",希望打通"横阶级"和"纵阶级",即社会中的贫富贵贱等阶层等级划分和社会地域、行业、性别等身份之隔。进而,以这种四通八达的平民教育,"创造一个四通八达社会"。

因此,这种关联于平民教育的"生活教育"理论,是以教育通向社会改造的,而非在于教育体制和学校体制的改造。也就是说,陶行知面对的问题与杜威不同:在彼时教育仍是少数人的"特权"的情况下,要实现"人人受教育"或者"教育救国",只主张"教育即生活"是行不通的。也因此,陶行知的"教学做合一"与杜威的"在做中学"在提出背景上有所不同:陶行知极为关注生活中的实在需求,强调"事怎样做就怎样学,怎样学就怎样教,会的教人,不会的跟人学";杜威从教育的视角关注教育与生活的割裂问题,其背后指向了西方传统教育中的知识观问题,亦即知识和实践的二分问题,借产生于"在做中学"的"经验的知识"来突破知识和实践的"二元论"。而值得一提的是,陶行知在中国教育改造中对行动之于知识的先在性的认知,亦有杜威的影响。可以说,陶行知长期对"知行"问题的思考与实践,他"行动为先、知行合一"的人生历程,即为弥合传统"二元论"所带来的知识与实践或生活和教育分离的典范。

在本文中,陶行知亦指出"生活即教育"的含义是不断充实和发展的,从"是生活就是教育,不是生活就不是教育"到五个目标——康健、劳动、科学、艺术、社会革命的教育,再到"是那样的生活,就是那样的教育"。因此,生活教育的实现也分为三个阶段,从生活与教育的分离状态,到教育即生活、学校即社会——实现学校社会化,再到"生活即教育,社会即学校"——这是生活教育的最高发展阶段。

以上为本文的相关背景与延伸。

任晓栋

本文选自《教育的本质》(陶行知著,陈彬编,湖南人民出版社,2019年)。

生活即教育

陶行知

今天我要讲的是"生活即教育"。中国从前有一个很流行的名词,我们也用得很多而且很熟的,就是"教育即生活"(Education of life)。"教育即生活"这句话,是从杜威(John Dewey)先生那里来的,我们过去是常常用它,但是,从来没有问过这里边有什么用意。现在,我把它翻了半个筋斗,改为"生活即教育"。在这里,我们就要问:"什么是生活?"有生命的东西,在一个环境里生生不已的就是生活。譬如一粒种子一样,它能在不见不闻的地方发芽,开花。从动的方面看起来,好像晓庄剧社在舞台演戏一样。"生活即教育"这个演讲,从前我已经讲了两套,现在重提我们的老套。

第一套就是:

是生活就是教育,不是生活就不是教育;

是好生活就是好教育,是坏生活就是坏教育;

是认真的生活,就是认真的教育,是马虎的生活,就是马虎的教育;

是合理的生活,就是合理的教育,是不合理的生活,就是不合理的教育;

不是生活就不是教育；

所谓之生活，未必是生活，就未必是教育。

第二套是第二次讲的时候包括进去的，是按着我们此地的五个目标加进去的，就是：

是康健的生活，就是康健的教育，是不康健的生活，就是不康健的教育；

是劳动的生活，就是劳动的教育，是不劳动的生活，就是不劳动的教育；

是科学的生活，就是科学的教育，是不科学的生活，就是不科学的教育；

是艺术的生活，就是艺术的教育，是不艺术的生活，就是不艺术的教育；

是改造社会的生活，就是改造社会的教育，是不改造社会的生活，就是不改造社会的教育。

近来，我们有一个主张，是每一个机关，每一个人在十九年里都要有一个计划。这样，在十九年里，我们所过的生活，就是有计划的生活，也就是有计划的教育。于是，又加了这么一套：

是有计划的生活，就是有计划的教育，是没有计划的生活，就是没有计划的教育。

我今天所要说的，就是我们此地的教育，是生活教育，是供给人生需要的教育，不是作假的教育。人生需要什么，我们就教什么。人生需要面包，我们就得过面包生活,受面包的教育;人生需要恋爱,我们就得过恋爱生活,也就是受恋爱的教育。准此类推,照加上去:是那样的生活,就是那样的教育。

与"生活即教育"有连带关系的就是"社会即学校"。"学校即社会"也就是跟着"教育即生活"而来的,现在我也把它翻了半个筋斗,变成"社会即学校"。整个的社会活动,就是我们教育的范围,不消谈什么联络,而他的血脉是自然流通的。不要说"学校社会化"。譬如说现在要某人革命化,就是某人本来不革命的;假使某人本来是革命的,还要他"化"什么呢?讲"学校社会化",也是犯同样的毛病。"社会即学校",我们的学校就是社会,还要什么社会化呢?现在我有一个比方,学校即社会,就好像把一只活泼的小鸟从天空里捉来关在笼里一样。它要以一个小的学校去把社会上所有的一切东西都吸收进来,所以容易弄假。社会即学校则不然,它是要把笼中的小鸟放到天空中使他能任意翱翔,是要把学校的一切伸张到大自然里去。要先能做到"社会即学校",然后才能讲"学校即社会";要先能做到"生活即教育",然后才能讲到"教育即生活"。要这样的学校才是学校,这样的教育才是教育。

杜威先生在美国为什么要主张教育即生活呢?我最近见到他的著作,他从俄国回来,他的主张又变了,已经不是"教育即生活"了。美国是一个资本主义的国家,他们是零零碎碎的实验,有好多教育家想达到的目的不能达到,想实现的不能实现。然而在俄国已经有人达到了,实现了。假使杜威先生是在晓庄,我想他也必主张"生活即教育"的。

杜威先生是没有到过晓庄来的,克伯屈先生是到过晓庄来的。克伯屈先生离了俄国而来中国,他说:"离莫斯科不远的地方,有一个人名叫夏弗斯基的,他在那里办了一所学校,主张有许多与晓庄相同的地方。"我见了杜威先生的书,他说现在俄国的教育,很受这个地方的影响,很注意这个地方,他们的办法与我们的"生活即教育,社会即学校"的主张不谋而合。克伯屈先生问我们在文字上通过消息没有。我说没有。我又问他:"夏弗斯基这个人是不是共产党?"他说不是。我又问他:"他不是共产党,又怎么能在共产党政府之下办教育呢?"他说:"因为他是要实现一种教育的理想,要想用教育的力量来解决民生问题,所以俄政府许可他试验,他在俄政府之下也能生存。"我又对他说:"这一点倒又和我相合,我在国民党政府之下办教育,而我也不是一个国民党党员。"这是克伯屈先生参观晓庄后与我所谈的话。

现在我们这里的主张,终于已经到了实现的时期了,问题是在怎样实现。这一点可以分作三个时期:

第一个时期,生活是生活,教育是教育,两者是分离而没有关系的。

第二个时期,教育即生活,两者沟通了,而学校社会化的议论也产生了。

第三个时期,生活即教育,就是社会即学校了。这一期也可以说是开倒车,而且一直开到最古时代去。因为太古的时代,社会就是学校,是无所谓社会自社会、学校自学校的。这一期,也就是教育进步到最高度的时期。

其次，要讲生活即教育与社会即学校，有几方面是要开仗的，而且是不痛快的，是很烦恼的，而与我们有极大的冲突的。

第一，在这个时期，是各种思潮在中国谋实现的时期，中国几千年来传统教育所支配的许多传统思想都要在此时期谋取得它的地位。第二，是外来的各种文化，如德国的以文化为中心的教育，英国的绅士的教育，美国的拜金教育。第三，是外国文化都在中国倾销，从各国回来的留学生便是推销外国文化的买办。

现在先说中国遗留下来的旧文化与我们的生活即教育是有冲突的。中国从前的旧文化，是上了脚镣手铐的。分析起来，就是天理与人欲，以天理压迫人欲，做的事无论怎样，总要以天理为第一条件。

它是以天理为一件事，人欲为一件事。人欲是不对的，是没有地位的。在生活即教育的原则之下，人欲是有地位的，我们不主张以天理来压迫人欲的。这里，我们还得与戴东原先生的哲学打一打通，他说，理不是欲外之理，不是高高地挂在天空的，欲并不是很坏的东西，而是要有条有理的。我们这里主张生活即教育，就是要用教育的力量，来达民之情，遂民之欲，把天理与人欲打成一片，并且要和戴东原先生的哲学联合起来。

与此有连带关系的就是"礼教"。现在有许多人唱"礼教吃人"的论调，的确，礼教吃的人，骨可以堆成一个泰山，血可以合成一个鄱阳湖。我们晓得，礼是什么？以前有人说，礼是养生的，那是与生活即教育相通的。这种礼，我们不惟不打倒,并且表示欢迎。假若是害生之礼,那就是要把人加上脚镣手铐,那是与我们有冲突的,我们非打倒不可。因为生活即教育,是要解放人类的。

再次,中国从前有一个很不好的观念,就是看不起小孩子。把小孩子看成小大人,以为大人能做的事小孩也能做,所以五六岁的小孩,就要他读《大学》《中庸》。换句话说,就是小孩子没有地位。我们主张生活即教育,要是儿童的生活才是儿童的教育,要从成人的残酷里把儿童解放出来。

还有一点要补充进去的,就是书本教育。从前的书本教育,就是以书本为教育,学生只是读书,教师只是教书。在生活即教育的原则之下,书是有地位的,过什么生活就用什么书,书不过是一种工具罢了。书是不可以死读的,但是不能不用。从前有许多像这样的东西,是非推翻不可的,否则不能实现"生活即教育"。

现在外国传进来的思潮,也有许多与我们是冲突的。以文化做一个例吧,以文化做中心的教育,它的结果是造成洋八股。文化是人类创造出来的,固然是非常的宝贵,但它也不过是一种工具而已,不能拿作我们教育的中心。人为什么要用文化?是要满足我们人生的欲望,满足我们生活的需要。电灯是文化,我们用了它,可以把一切东西看得更明白。无线电是文化,我们用了它,可以更便利。千里镜是文化,我们用了它,可以钻进土星、木星里去……所以文化是生活的工具,它是有它的地位的。我们不惟不反对,而且表示欢迎。欢迎它来做什么呢?就是满足我们生活的需要。有些人把它弄错了,认它做一种送人的礼物,这是不对的。文化要以参加做基础,有了这参加的最低限度的基础,才能了解,才能加上去。生活即教育与文化为中心的教育不同,就是如此。

还有训育与生活即教育的理论怎么样?生活即教育与训育把训与教分家的关系怎么样?生活即教育与社会即学校如何实现?小学里如何把它实现出来?假使诸位以为是行得通的,最好是每一个人拟一个方案来交给我,那一部分可以实现,我们就拿那个地方当一个社会实现出来。

现在我举一个例说:去年天干,和平学园因为急于要水吃,就开了一个井。井是学校开的,但是献给全村公用,不久就发现了两大问题:

(一)每天出水二百担,不敷全村之用。于是大家都起早取水,后到的取不到水。明天又比别人早,甚至于一夜到天亮,都有取夜水的。到天亮时,井里的水已将干了。群聚在井边候水,一勺一勺地取,费尽了力气才打出一桶水。

(二)大家围着取水,争先恐后,有时甚至用武力解决。

这种现象,假使是学校即社会,就可以用学校的权力来解决,由学校出个命令,叫大家照着执行。社会即学校的办法就不然,他觉得这是与全村人的生活有关系的,要全村的人来设法解决,于是就开了一个村民大会,一共到了六七十个人,共同来做一个吃水问题的教学做。到会的人,有老太婆,也有十二三岁的小孩子,公推了一位十几岁的小学生做主席。我和许多师范生,就组织了一个诸葛亮团,插在群众当中,保护这位阿斗皇帝。老太婆说的话顶多,但同时有许多人说话,大家听不清楚,而阿斗皇帝又对付不下来。这回,诸葛亮用得着了,他就起来指导。结果,共同议决了几件事:

(一)水井每天休息十小时,自下午七时至上午五时不许取水。违者罚洋一元,充修井之用。

(二)每天取水,先到先取,后到后取。违者罚小洋六角,充修井之用。

(三)公推刘君世厚为监察员,负执行处分之责。

(四)公推雷老先生为开井委员长,筹款加开一井,茶馆、豆腐店应多出款,富户劝其多出,于最短期内,由村民团结的力量,将井开成。

这几个议案是由村民大会通过的。这就是社会即学校的办法。由此,我有几个感触:

(一)民众运动,要以对于民众有切身关系的问题为中心,否则不能召集。

(二)社会运动,非以社会即学校,则不能彻底实行。而社会即学校,是有实现的可能的。

(三)不要以为老太婆、小孩不可训练,只要有法子,只要能从他们迫切的问题着手。

(四)公众的力量比学校发生的大,假使由学校发命令解决,则社会上了解的人少,而且感情将由此分离。

(五)民众没有指导是不行的,和平门吃水问题,倘无相当指导,就算再过四五千年也不会解决。

（六）做民众运动是要陪着民众干，不是替民众干。训政工作要想培养中华国民，非此不可。

这就是以小学所在地做学校的一个例，其余的例很多，不必多举。社会即学校要如何的实现，请大家一样一样地做个方案，二次开会的时候再谈。

这是证明"生活即教育"与"社会即学校"是相连的，是一个学理。

关于"生活即教育"，我现在再来补充一套。我们是现代的人，要过现代的生活，就是要受现代的教育。不要过从前的生活，也不要过未来的生活。若是过从前的生活，就是落伍；若要过未来的生活，就要与人群隔离。以前有一部书叫《明日之学校》，大家以为很时髦的，讲得很熟的。我希望乡村教师，要办今日之学校，不要办明日之学校。办今日之学校，使小学生过今日之生活，受今日之教育。

约翰·杜威：拥有一个经验(节选)

按 语

围绕着西方思想史中"经验"和"知识"的这一系列概念,欧洲文化理性传统中的哲学家、理论家们都有着各自的观点。柏拉图认为人的感官经验是不断变化且不可靠的,亚里士多德虽承认知识来源于感觉经验,但其并未上升到理性层面。弗朗西斯·培根(Francis Bacon)遵循经验的实验化,埃蒂耶那·博诺·德·孔狄亚克(Étienne Bonnot de Condillac)、德尼·狄德罗(Denis Diderot)、梅恩·德·比兰(Maine de Biran)承认感知经验的重要地位,经验主义者约翰·洛克(John Locke)、大卫·休谟(David Hume)等诸多理论家也曾表态感知作为知识基础是可靠的,伊曼努尔·康德(Immanuel Kant)又增加了时间、空间的先决条件这一概念,并提出经验知识的创见。而实用主义哲学家们在关注形而上学之外,也在探究经验是如何作为实践与思想之间的统一。作为美国实用主义的代表人物,杜威强调经验的流动性和完整性,认为经验是一个动态发展的过程,是人与世界的含混复杂的交流,其中包含着人与环境、主体与客体之间的相互作用和结合。

"一个经验"(an experience)是杜威美学理论中的核心概念。这个关键性概念中的"一个"并不是指经验在数量上的加持或限制,而是通过经验中的情感性质使得它获得审美意义,同时强调作为一个整体的经验。感性作为一种载体,为审美体验提供了连续性和统一性,但其本身并不足以作为审美体验的重要内容。情感是艺术的必要条件,但绝不是所表达的内容。杜威希望提出一种自然化、广泛的审美理论,将日常的生活与艺术实践相关联,既延展了艺术领域中的审美,又将之扩散到生活中的日常经验。一个完满的经验只要具有一种整一性,从而富有意味,就成为"一个经验"。

1934年,继《艺术即经验》出版后,杜威的美学思想在欧洲及美国的艺术家和评论家中得到了相当广泛的传播和响应。两年后,约瑟夫·阿尔伯斯(Josef Albers)就杜威的《作为经验的艺术》一文,发表了相关的两篇文章。在这两篇文章中,他试图以杜威的美学概念结合包豪斯的理念,说明艺术如何不再脱离日常生活。超现实主义者中,罗伯托·马塔(Roberto Matta)依据杜威的美学理论致力于经验艺术的理念。德国画家沃尔夫冈·帕伦(Wolfgang Paalen)对这位美国哲学家的评价是:"他为真正的现代美学奠定了基础。"阿伦·卡普罗(Allan Kaprow)、杰克逊·波洛克(Jackson Pollock)等也都将其理论转化成了绘画的原理。

以上为本文的主要内容,以及相关背景和信息延伸。

约翰·杜威(John Dewey,1859—1952),美国著名哲学家、教育家、心理学家,与查尔斯·桑德斯·皮尔士(Charles Sanders Santiago Peirce)及威廉·詹姆斯(William James)一起被认为是美国实用主义哲学的重要代表人物,也被认为是现代教育学的创始人之一。杜威一生著作颇丰,涉及科学、哲学、艺术、教育、社会等诸多领域,主张从实践中学习,其教育理论强调个人的发展、对外界事物的理解以及通过实验获得知识。

杜威的思想曾对二十世纪前期的中国教育界、思想界产生过重大影响。他曾到访中国,见证了五四运动并与孙中山会面,培养了包括胡适、冯友兰、陶行知、郭秉文、张伯苓、蒋梦麟等一批国学大师和学者。

张 晨

本文节选自美国杜威著的《艺术即经验》,高建平译,商务印书馆,2005年。

拥有一个经验（节选）

约翰·杜威

由于活的生物与环境条件的相互作用与生命过程本身息息相关，经验就不停息地出现着。在抵抗与冲突的条件下，这种相互作用所包含的自我与世界的方面和成分将经验规定为情感和思想，从而产生出有意识的意图。但是，所获得的经验常常是初步的。事物被经验到，但却没有构成一个经验。存在着心神不定的状态；我们所观察、所思考、所欲求、所得到的东西之间相互矛盾。我们的手扶上了犁，又缩了回来；我们开始，又停止，并不由于经验达到了它最初的目的，而是由于外在的干扰或内在的惰性。

与这些经验不同，我们在所经验到的物质走完其历程而达到完满时，就拥有了一个经验。只是在后来的后来，它才在经验的一般之流中实现内部整合，并与其他的经验区分开。一件作品以一种令人满意的方式完成；一个问题得到了解决；一个游戏结束了；一个情况，不管是吃一餐饭、坑一盘棋、进行一番谈话、写一本书，或者参加一场选战，都会是圆满发展，其结果是一个高潮，而不是一个中断。这一个经验是一个整体，其中带着它自身的个性化的性质以及自我满足。这是一个经验。

哲学家们，甚至经验哲学家们，在提到经验时，一般情况下都只泛泛而谈。然而,符合语言习惯的谈话都表示着这样一些经验,它们各自具有独特的特征,有其开头和结尾。这是由于生活也不是统一的,不间断地行进和流动。这就是历史,其中每一个都有着自己的情节,它自身的开端和向着终点运动,其中每一个都有着自身独特的韵律性运动;每一个都有着自身不间断弥漫其中不可重复的性质。一段楼梯,尽管它是机械的,却是由个性化的阶梯构成的,而不是连续的上升,而一个斜面至少通过突然的中断而与其他物分离开来。

在此关键的意义上,经验是由一些我们情不自禁地称之为"真经验"的情景和事件决定的;在回忆这些情形时,我们说,"那是一个经验"。它也许非常重要——与一个曾非常亲密的人吵架,千钧一发之际逃脱一场大灾难。或者,可能是某种相比之下微小的事件——也许正是由于它微小,因而更说明它是一个经验。有人将在一家巴黎餐馆的一餐饭说成是"那是一个经验"。它可以是由于对食品所能达到的水平的长久记忆而显得突出。那么,一个人在横渡大西洋时经历到的暴风雨——体验到暴风雨似乎在发怒,在它本身中由于集中了暴风雨所可能有的样子而完成了它自身,并以它与此前和此后的暴风雨不同而突出地显示出来。

……

一个经验具有一个整体,这个整体使它具有一个名称,那餐饭、那场暴风雨、那次友谊的破裂。这一整体的存在是由一个单一的,尽管其中各部分的变化却遍及整个经验的性质构成的。这一整体既不是情感的或实践的，也不是理智的，因为这些术语只是说出了一些可以在其内部思考的特征。在关于一个经验的论述中，我们必须利用这些阐释性的形容词。在一个经验发生以后在头脑中温习它之时，我们也许会发现一种，而不是另一种特性充分占据着统治地位，因而可以用它来表示作为一个整体的该经验。存在着一些吸引人的研究与思考，科学家和哲学家强调这些是"经验"。从最终的意义上讲，它们是理智的。但是，在实际发生时，它们也是情感的；有意志和目的存乎其间。然而，此经验并非这些不同特征的总和；在经验中，这些特征失去了其独特性。没有思想家会勤勉地从事自己的工作，除非他被吸引，并从具有内在价值的总体经验得到回报。没有这些，他不会知道真正去思想什么，并会在对真正的思想与虚假的东西进行区分时完全不知所措。思维是以意之链持续的，但意形成链是因为它们远不只是分析心理学所说的意。它们是在情感上和实践上所区分的一种发展中的潜在性质的阶段；它们是其运动中的变异，不是像洛克和休谟所说的分离而独立的观念和印象，而是一种渗透和发展着的色调的微妙差异。

……

因此，一个思维的经验具有它自身的审美性质。它与那些被公认为是审美的经验在材料上不同。美的艺术的材料是由性质所构成的；那些具有理智结论的经验的材料是一些记号和符号，它们没有自身的内在性质，但却代表着那些可以在另一个经验中从性质上体验到的事物。

这种差别是巨大的。这是为什么严格的理智的艺术将永远也不会像音乐一样流行的原因之一。然而，经验本身具有令人满意的情感性质，因为它拥有内在的、通过有规则和有组织的运动而实现的完整性和完满性。艺术的结构也许会被直接感受到。就此而言，它是审美的。更为重要的是，不仅这一性质是进行智性研究与保持正直的重要动力，而且，除非通过这种性质来加以完善，没有智性的活动会是一个完整的事件（是一个经验）。没有它，思维就没有结果。简言之，审美不能与智性经验截然分开，因为后者要得到自身完满，就必须打上审美的印记。

……

来自地球上遥远地方的物质的东西被物质性地运输，物质性地引起相互间的作用与反作用，构成新的物体。精神的奇迹在于，类似的东西在经验中发生，却没有物质的运输和装配过程。情感是运动和黏合的力量。它选择适合的东西，再将所选来的东西涂上自己的色彩，因而赋予外表上完全不同的材料一个质的统一。因此，它在一个经验的多种多样的部分之中，并通过这些部分，提供了统一。当统一像这样被描绘时，经验就具有了审美的特征，尽管它主要不是一种审美经验。

……

经验是受着所有干扰观察、受与做之间关系的原因制约的。出现干扰的原因也许会是由于太多的做，或者太多的接受性，或受。任何一方的不对称，都会使知觉变得模糊，使经验变得片面和扭曲，使意义变得贫乏和虚假。做的热情，行的渴望，导致许多人几乎令人难以置信地缺乏经验，流于表面，特别是在我们生活于其中的这个忙乱而缺乏耐心的人文环境中，就更是如此。没有一个经验能够有机会完成自身，因为其他的东西来得是如此迅速。被称之为经验的东西变得如此分散和混杂，以至于简直不配用这个名称。抵抗被当作是需要被摧毁的障碍，而不是对思考的启发。人们更多的是通过无意识而不是故意选择，逐渐找到能在最短时间里做最多的事的情境。

……

由于对所做与所受之间关系的知觉构成了理智的工作，由于艺术家在他的工作过程中被他所把握的已做的与将做的之间的联系所控制，那种认为艺术家的思考不如科学研究者那样专心致志而敏锐透彻的想法是荒谬的。一位画家必须有意识地感受他画出的每一笔效果，否则的话，他就不会明白他在做什么，他的作品会向什么方向发展。此外，他必须联系到他所想要产生的总体来看做与受之间的每一个特殊的联系。要理解这样的关系就要去思考，而且是最严格的方式的思考。同样，不同画家所作的画之间的区别，不仅是由于对色彩本身的敏感性以及处理技巧的不同，而且是由于进行这种思考的能力的不同。至于绘画的基本性质，区别确实是比起其他来更依赖于用于影响知觉的理智的性质——当然，理智与直接的敏感性密不可分，同时，尽管以一种更为外在的方式，与技巧联系在一起。

任何在艺术作品的生产中忽视理智的不可或缺作用的想法，都是以将思维与使用某种特殊材料，如语言符号和词语等同为基础的。根据性质的关系进行有效的思考，与根据语词的或数学的符号进行思考具有同样严格的对于思想的要求。实际上，由于语词更易于以机械的方式进行处理，一件真正艺术作品的生产可能会比绝大多数傲慢地自称为"知识分子"的人进行的所谓的思考要求更多的智力。

……

我们在英语中没有一个词明确地包含"艺术的"与"审美的"这两个词所表示的意思。既然"艺术的"主要指生产的行为，而"审美的"指知觉和欣赏行为，缺乏一个术语来表示这被放到一起的两个过程，这是不幸的。它的结果有时就是将这两者区分开来，将艺术看成是附加在审美材料之上，或者认定，既然艺术是一个创造过程，对它的知觉和欣赏与创造行动就没有任何共同之处。不管怎样，存在着某种语词上的笨拙性，我们有时被迫使用"审美的"这个术语来覆盖全部领域，有时被迫将它限制在指活动整体的接受知觉方面。我从这一明显的事实开始，是为了显示，有意识的经验的观念是怎样作为做与受的知觉到的关系，使我们理解这样的联系，即艺术作为生产，知觉与欣赏作为享受，是相互支持的。

……

归根结底，技巧要具有艺术性就必须有"爱"；必须深深地喜爱技能所运用于其上的题材。一位雕塑家会留心使所塑的胸像奇迹般地精确。区分胸像的照片和胸像所再现的人的照片也许会很难。从技巧上讲,这些胸像是令人惊叹的。但是,人们会问,是否胸像的制作者自己也具有那些观看他的作品的人同样的经验。要想成为真正艺术的,一部作品必须同时也是审美的——也就是说,适合于欣赏性的接受知觉。经常的观察对于从事生产的制作者来说,是必要的。但是,如果他的知觉不同时在性质上是审美的,那么它就是苍白地、冷漠地对所做的事的认知,仅成为一个本质上是机械的过程的下一步的刺激物。

总之,艺术以其形式所结合的正是做与受,即能量的出与进的关系,这使得一个经验成为一个经验。由于去除了所有对行动与接受的因素间相互组织不起作用的一切,也由于仅仅选择了对它们间相互渗透起作用的方面和特征,其产品才成为审美的艺术作品。人们削、割、唱、跳、做手势、铸造、画素描、涂颜色。只有在所见到结果具有其所见之性质控制了生产问题的本性之时,做与造才是艺术的。以生产某种在直接感知经验中被欣赏的物品为意图的生产行动具有一种自发或不受控制的活动所不具有的性质。艺术家在工作时将接受者的态度体现在自身之中。

……

艺术的生产程与接受中的审美是有机地联系在一起的——正像上帝在创世时察看他的作品,并发现它是好的一样。(这里化用了《圣经·旧约·创世记》中的话。上帝在创造世界的几天里,几次评价自己的作品是好的。在此书的早期希腊文译本中,这里的"好的"被译为"美好的"(kalon)。在英文中,它们分别为good和fine。不管是"好的",还是"美好的",在《创世记》都是上帝"看"到所创造之物后的评价,因此,它表示的是知觉上的"好"或"美好"。这曾经是中世纪美学家们在神学氛围中肯定"世界是美的",从而肯定美的此岸性的一条重要证据。作者这里用这个例子来说明艺术家在创作过程中活动与知觉的相互作用关系。——译者)艺术家会不断地制作再制作,直到他在知觉中对他所做的感到满意为止。当结果被经验为好的时,制造就结束了——并且这种经验不是来自仅仅是理智的和外在的判断,而是存在于直接的知觉之中。与同时代人相比,一位艺术家不仅特别具有实施力的禀赋,而且具有对事物性质的异常敏感。这种敏感也指导着他去做和去制造。

我们在操作时去触去摸,正像我们在看时看到,在听时听到一样。手持着蚀刻针或画笔移动,眼睛注视并报告所做的结果。由于这一紧密的联系,做具有一种累积性,它既不是一种任性所为,也不是例行公事。在一种特殊的艺术——审美经验中,这种关系极其密切,从而同时控制了制作与知觉。如果仅仅是手与眼的参与,那么这种重要的亲密关系也不可能形成。当它们两者不都是作为整体的人的器官来行动时,存在着的只能是一种感觉与行动的如同在自动行走时一样的机械顺序。当经验是审美的时候,手与眼仅仅是工具,通过它整个活的生物自始至终主动而积极地活动。因此，表现是情感性的，在目的的引导之下。

……

为了进行知觉，观看者必须创造他自己的经验。并且，他的创造必须包括与那种原初的创造者所经受的相类似的关系。它们在字面意义上并不相同。但是，对于知觉者，正像对于艺术家一样，必须有一种整体的成分的调整，它尽管不是在细节上，却是在形式上，与作品的创造者在意识中所体验的组织过程是相同的。没有一种再创造的动作，对象就不被知觉为艺术品。艺术家按照自己的兴趣来进行选择、简化、清晰化、省略与浓缩。观看者也必须按照自己的观点和兴趣完成这些活动。在两种情况下都出现了一种抽象动作，一种从有意义的东西中抽取的动作。在两种情况下，都存在着对其字面意义的理解——即从物质意义上将分散的细节与特点集合为一个经验的整体。无论从感知者，还是从艺术家一面看，都有工作要做。做此工作时太懒、无所事事、拘泥于旧惯例的人，不会看到或听到。他的"欣赏"将成为学识碎片与通常欣赏的惯例标准，与尽管其中有真实性，但却是混乱的情感刺激的混合体。

前面所提出的想法，由于具体强调点方面的原因，意味着一个经验（取其所蕴含的意义）与审美经验之间既有相通性，也有相异性。前者具有审美性质；否则的话，其材料就不会变得丰满，成为一个连贯的经验。一个生机勃勃的经验是不可能被划分为实践的、情感的，及理智的，并且为各自确定一个相对于其他的独特的特征。情感的方面将各部分结合成一个单一整体;"理智"只是表示该经验具有意义的事实;而"实践"表示该有机体与围绕着它的事件和物体在相互作用。最精深的哲学与科学的探索和最雄心勃勃的工业或政治事业,当它们的不同成分构成一个完整的经验时,就具有了审美的性质。这是因为,这时,它的各种部分就联系在一起,而不只是一个接着一个。各部分通过它们在经验中的联系而推向圆满和结束,而不仅仅最后停止。不仅如此,该圆满并非只在意识中等待整个活动完成时才实现。它是全部活动的期待所在,并不断地赋予经验以特别强烈的滋味。

……

在每一个完整的经验中,由于有动态的组织,所以有形式。我将这种组织称之为动态的,是因为它要花时间来完成,是因为它是一个生长过程:有开端,有发展,有完成。材料通过与先前经验的结果所形成的生命组织的相互作用被摄取和消化,这构成了工作者的心灵。这种孵化过程继续进行,直到所构想的东西被呈现出来,取得可见的形态,成为共同世界的一部分。只有在先前长时间持续的过程发展到一个突出的阶段,一个横扫一切的运动使人忘记一切,在这个高潮中,审美经验才会凝结到一个短暂的时刻之中。使一个经验成为审美经验的独特之处在于,将抵制与紧张,将本身是倾向于分离的刺激,转化为一个朝向包容一切而又臻于完善的结局的运动。

……

因此，整体的形式存在于每一个成分之中。实现，即臻于完满是持续的活动，而不仅仅是结束，仅仅处于一个地方。一位雕刻家、画家或作家时刻处在完成其工作的过程中。他必须时刻处在保持和总结作为已经做的，作为一个整体的一切，又时刻考虑作为一个整体的将要做的一切。否则的话，他的系列动作就没有连续性和稳定性。处于经验节奏之中的系列性活动，赋予多样性和运动；它们使作品免除了单调和无意义的重复。感受是节奏中的相应的成分，它们提供整一；它们使作品不会成为仅仅是一系列刺激的无目的性。当其决定任何可被称为一个经验的要素被高高地提升到知觉的阈限之上，并且为着自身原因而显现之时，一个对象就特别并主要是审美的，它产生审美知觉所特有的享受。

杜威：教育是生活的需要

按 语

  努力使自己继续不断地生存,这是生活的本性。因为生活的延续只能通过经久的更新才能达到,所以生活便是一个自我更新的过程。教育和社会生活的关系,正如营养和生殖、生理、生活的关系一样。这种教育首先是通过沟通进行传递。在个人经验成为共同财富以前,沟通乃是一个共同参与经验的过程,通过沟通,参与经验的双方的倾向有所变化。人类联合的每一种方式,它的长远意义在于它对改进经验的素质所做出的贡献。这一事实,在对付未成熟者时最容易认识出来。换言之,虽然每一种社会安排在功效方面都具有教育性,但是教育效果首先成为与年轻人和年长者的联合有关的联合的目的的重要部分。随着社会结构和资源变得越来越复杂,正规的或有意识的教导和学习的需要也日益增加。随着正规教学和训练的范围的扩大,在比较直接的联合中所获得的经验和在学校所获得的经验之间,有产生不良的割裂现象的危险。鉴于几个世纪以来知识和专门技能的迅猛发展,这种危险从来没有像现在这样严重。

  《民主主义与教育》是杜威探索和阐明民主社会所包含的思想,和把这些思想应用于教育事业的许多问题所作的努力。讨论的内容包括从这个观点来考察公共教育的建设性的目的和方法,并对早先的社会条件下形成,但在名义上的民主社会里仍在起作用以阻碍民主理论充分实现的有关认识和道德发展的各种理论,进行批判性的估价。本书所阐明的哲学,把民主主义的发展和科学上的实验方法、生物科学上的进化论思想以及工业的改造联系起来,旨在指出这些发展所表明的教材和教育方法方面的变革。

张文英

本文节选自《民主主义与教育》(王承绪译,人民教育出版社,2001年)第一章"教育是生活的需要"。

教育是生活的需要

杜 威

一、生活的更新通过传递

生物和无生物之间最明显的区别,在于前者以更新维持自己。石块受击,它抵抗。如果石块的抵抗大于打击的力量,它的外表保持不变。否则,石块就被砸碎。石块决不会对打击作出反应,使它得以保持自己,更不会使打击成为有助于自己继续活动的因素。虽然生物容易被优势力量所压倒,它仍然设法使作用于它的力量,变为它自己进一步生存的手段。如果它不能这样做,它不只是被砸得粉碎(至少在高等生物是这样),而且不成其为生物。

只要生物能忍受,它就努力为它自己利用周围的力量。它利用光线、空气、水分和土壤。所谓利用它们,就是说把它们变为保存它自己的手段。只要生物不断地生长,它在利用环境时所花费的力量得大于失:它生长着。在这个意义上理解"控制"这个词,我们可以说,生物能为它自己的继续活动而征服并控制各种力量,如果不控制这些力量,就会耗尽自己。生活就是通过对环境的行动的自我更新过程。

在一切高等生物,这个过程不能无限期地继续下去。过一段时间,它们就要屈服,就要死亡。生物不能胜任无限期自我更新的任务。但是,生活过程的延续并不依靠任何一个个体的延长生存。其他生物的繁殖不断地进行着。虽然,正如地质学的记录表明,不仅个体而且物种都会消灭,但生活过程却以越来越复杂的形式继续下去。随着某些物种的消失,更加适合利用它们无法与之斗争的许多障碍的生物诞生了。生活的延续就是环境对生物需要的不断地重新适应。

我们上面所讲的是最低等的生活,把它当作一种物质的东西。但是我们使用"生活"这个词来表示个体的和种族的全部经验。当我们看到以《林肯传》命名的书时,我们并不指望里面有一篇关于生理学的论文。我们期待有关于社会背景的叙述;有关于家庭的环境、情况和职业的描写;有关于性格发展的主要情节;重大的斗争和成就;个人的希望、爱好、快乐和苦难。我们以恰恰类似的方式讲一个原始部落的生活,雅典人民的生活,美国民族的生活。"生活"包括习惯、制度、信仰,胜利和失败、休闲和工作。

我们以同样丰富的含义使用"经验"这个词。通过更新而延续的原则,适用于最低的生理学意义上的生活,同样适用于经验。就人类来说,信仰、理想、希望、快乐、痛苦和实践的重新创造,伴随着物质生存的更新。通过社会群体的更新,任何经验的延续是实在的事实。教育在它最广的意义上就是这种生活的社会延续。社会群体的每一个组成分子,在一个现代城市和在原始部落一样,生来就是未成熟的,孤弱无助的,没有语言、信仰、观念和社会准则。每一个个体,作为群体的生活经验载体的每一个单位,总有一天会消灭。但是群体的生活将继续下去。

社会群体每一个成员的生和死的这些基本的不可避免的事实,决定教育的必要性。一方面,存在群体的新生成员——集体未来的唯一代表——的不成熟和掌握群体的知识和习惯的成年成员的成熟之间的对比。另一方面,这些未成熟的成员有必要不仅在形体方面保存足够的数量,而且要教给他们成年成员的兴趣目的、知识、技能和实践,否则群体就将停止它特有的生活。甚至原始部落,成人的成就也远远超过未成熟的成员,如果听任他们自行其是所能做的事情。随着文明的发展,未成熟的人本来的能力和年长者的标准和习惯之间的距离扩大,仅仅身体的成长,仅仅掌握极少生存的必需品,还不能使群体的生活绵延下去。需要审慎的努力和周到的耐心。人生来不仅不了解,而且十分不关心社会群体的目的和习惯,必须使他们认识它们,主动地感兴趣。教育,只有教育能弥补这个缺陷。

社会通过传递过程而生存,正和生物的生存一样。这种传递依靠年长者把工作、思考和情感的习惯传达给年轻人。没有这种理想、希望、期待、标准和意见的传达,从那些正在离开群体生活的社会成员给那些正在进入群体生活的成员,社会生活就不能幸存。如果组成社会的成员继续生存下去,他们就能教育新生的成员,但是这将是以个人兴趣为导向,而不是以社会需要为导向的任务。这是一件必须做的工作。

如果一次瘟疫突然夺去社会全体成员的生命,这个群体显然将永远消灭。群体的每一个成员的死亡和瘟疫把他们全部弄死,同样明确无疑。但是,人的年龄有大有小,有些死去,有些出生,这个事实,使社会结构通过思想和实践的传递,得以不断重新组织成为可能。但是这种更新不是自动的。除非尽力做到真正和彻底的传递,最文明的群体将会进化到野蛮状态,然后回复到原始人类。事实上,初生的孩子是那样不成熟,如果听任他们自行其是,没有别人指导和援助,他们甚至不能获得身体生存所必需的起码的能力。人类的幼年和很多低等动物的崽仔比较起来,原有的效能差得多,甚至维持身体所需要的力量必须经过教导方能获得。那么,对于人类一切技术、艺术科学和道德的成就来说,那就更需要教导了!

二、教育和沟通

的确,社会的继续生存,必须通过教导和学习,这是那么显而易见,我们似乎过分详述了一个自明之理。但是,我们所以这样强调一下,乃是要避免过分学校式的和形式的教育观念。从这个事实来看,我们是无可非议的。诚然,学校乃是传递的一个重要方法,通过传递来形成未成熟者的各种倾向;但是这仅仅是一种手段,和其他许多机构比较起来,又是一种相对表面的手段。只有当我们领会更为基本的和更为持久的教导方式的必要性时，我们才能把教育方法摆在适当的位置上。

社会不仅通过传递、通过沟通继续生存，而且简直可以说，社会在传递中、在沟通中生存。在共同、共同体和沟通这几个词之间，不仅字面上有联系，人们因为有共同的东西而生活在一个共同体内；而沟通乃是他们达到占有共同的东西的方法。为了形成一个共同体或社会，他们必须共同具备的是目的、信仰、期望、知识——共同的了解和社会学家所谓志趣相投。这些东西不能像砖块那样，从一个人传递给另一个人；也不能像人们用切成小块分享一个馅饼的办法给人分享。保证人们参与共同了解的沟通，可以促成相同的情绪和理智倾向对期望和要求作出反应的相同的方法。

人们住地相近并不成为一个社会，一个人也并不因为和别人相距很远而不在社会方面受其影响。一本书或一封信，可以使相隔几千里的人们建立起比同住一室的住户之间存在的更为紧密的联系。甚至为一个共同目的工作的个人也不构成一个社会群体。一部机器的各个部分，为着一个共同的结果而以最大限度的相互合作运转，但是它们并不形成一个共同体。但是，如果他们都认识到共同的目的，大家关心这个目的，并且考虑这个目的，调节他们的特殊活动，那么，他们就形成一个共同体。但是这将牵涉到沟通。每个人必须了解别人在干什么，而且必须有办法使别人知道他自己的目的和进展情况。意见的一致需要沟通。

因此我们不得不承认，甚至在最社会化的群体内部，有许多关系还不是社会化的。在任何社会群体中，有很多人与人的关系仍旧处在机器般的水平，各个人相互利用以便得到所希望的结果，而不顾所利用的人的情绪的和理智的倾向和同意。这种利用表明了物质上的优势，或者地位、技能、技术能力和运用机械的或财政的工具的优势。就亲子关系、师生关系、雇主和雇员的关系、统治者和被统治者的关系而论，他们仍旧处在这个水平，并不形成真正的社会群体，不管他们各自的活动多么密切地相互影响。发命令和接受命令改变行动和结果，但是它本身并不产生目的的共享和兴趣的沟通。

社会生活不仅和沟通完全相同，而且一切沟通（因而也就是一切真正的社会生活）都具有教育性。当一个沟通的接受者就获得扩大的和改变的经验。一个人分享别人所想到的和所感到的东西，他自己的态度也就或多或少有所改变。传递的人也不是不受影响。实验一下把某种经验全部地、正确地传送给另一个人，特别如果是比较复杂的经验，你将会发现你自己对你的经验的态度也在变化；要是没有变化，你就会突然惊叫起来。要沟通经验，必须形成经验；要形成经验，就要身处经验之外像另一个人那样来看这个经验，考虑和另一个人的生活有什么联系点，以便把经验搞成这样的形式，使他能理解经验的意义。除了论述平凡的事物和令人注意的话以外，必须富有想象力地吸收别人经验中的一些东西，以便把他自己的经验明智地告诉别人。一切沟通就像艺术。所以，完全可以说,任何社会安排只要它保持重要的社会性,或充满活力为大家所分享,对那些参加这个社会安排的人来说,是有教育意义的。只有当它变成铸型,照章办事时,才失去它的教育力量。

所以,说到最后,不仅社会生活本身的经久不衰需要教导和学习,共同生活过程本身也具有教育作用。这种共同生活,扩大并启迪经验;刺激并丰富想象;对言论和思想的正确性和生动性担负责任。一个在身体和精神两方面真正单独生活的人,很少有机会或者没有机会去反省他过去的经验,抽取经验的精义。成熟的人和未成熟的人,彼此的成就不等,这不仅使教育年轻人成为必要,而且这种教育的需要提供巨大的刺激,把经验整理成一定的次序和形式,使经验最容易传达。因而最为有用。

三、正规教育的地位

因此,每个人从和别人共同生活(只要他真正地生活而不只是继续生存)中所得到的教育,和有意识地教育年轻人,这两者有着明显的区别。在前一种情况下,教育是偶然的;这种教育是自然的、重要的,但它并不是人们联合的确切的理由。虽然可以不夸张地说,任何社会制度,无论是经济制度、家庭制度、政治制度、法律制度和宗教制度,它的价值在于它对扩大和改进经验方面的影响,但是这种影响并不是它原来动机的一部分,原来的动机是有限度的,而且是比较直接实际的。例如宗教的联合始于希望取得统治力量的恩赐和避开罪恶的影响；家庭生活始于希望满足各种欲望和使家庭永垂不朽；有系统的劳动，主要为了奴役别人等等。一种制度的副产品，它对有意识的生活的素质和程度的效果，只是逐步被注意到的，而这种效果的被视为实施这种制度的一个指导性因素更加缓慢得多。甚至在今天，在我们的工业生活中，除了某些勤奋和节俭的价值观念以外，世间工作得以进行的人类联合的各种形式的理智的和情感的反应，和物质的产品比较起来，所受到的注意要少得多。

但是对待年轻人，联合生活的事实本身，作为直接的人生事实，显得非常重要。在我们和年轻人接触的时候，虽然容易忽略我们的行动对他们的倾向的影响，或者把这种教育的效果看得不及某种外界有形的结果重要，对待成人就不那么容易。训练的需要太明显了；改变他们的态度和习惯，要求很急迫，以致完全无法考虑这些后果。既然我们的主要任务在于使年轻人参与共同生活，我们不能不考虑我们是否在形成能获得这种能力的力量。如果人类在认识各种制度的最终价值在于它对人生的特殊影响——对有意识的经验的影响——中有所前进，我们很可以相信，这个启示主要是通过和年轻人相处中学到的。

因此，我们可以在上面所考虑的广阔的教育过程之内区别出一种比较正规的教育，即直接的教导或学校教育。在不发达的社会群体中，很少正规的教学和训练。野蛮人为把必需的倾向灌输给年轻人，主要依靠使成年人忠于他们群体的相同的联合。除了使青年成为完全的社会成员的入社仪式以外,他们没有特殊的教育方法、材料或制度。他们主要依靠儿童通过参与成年人的活动,学习成人的风俗习惯,获得他们的情感倾向和种种观念。这种参与一部分是直接的,参与成人的各种职业活动,当他们的学徒;一部分是间接的,通过演戏,儿童重复成人的行动,从而学会了解他们像什么。对野蛮人来说,要找到一个专供学习的地方,除学习以外别无他事,这是十分荒谬的事。

但是,随着文明的进步,年轻人的能力和成年人所关心的事情之间差距扩大。除了比较低级的职业以外,通过直接参与成人的事业进行学习,变得越来越困难。成人所做的事情很多在空间和意义方面那么遥远,游戏性质的模仿越来越不足以再造它的精神。因此,有效地参与成人活动的能力,依靠事先给予以此为目标的训练。有意识的机构——学校——和明确的材料——课程——设计出来了。讲授某些东西的任务委托给专门的人员。

没有这种正规的教育,不可能传递一个复杂社会的一切资源和成就。因为书籍和知识的符号已被掌握,正规教育为年轻人获得一种经验开辟道路,如果让年轻人在和别人的非正式的联系中获得训练,他们是得不到这种经验的。

但是,从间接的教育转到正规的教育,有着明显的危险。参与实际的事务,不管是直接地或者间接地在游戏中参与,至少是亲切的、有生气的。在某种程度上,这些优点可以补偿所得机会的狭隘性。与此相反,正规的教学容易变得冷漠和死板——用通常的贬义词来说,变得抽象和书生气。低级社会所积累的知识,至少是付诸实践的;这种知识被转化为品性;这种知识由于它包含在紧迫的日常事务之中而具有深刻的意义。但是,在文化发达的社会,很多必须学习的东西都储存在符号里。它远没有变为习见的动作和对象。这种材料是比较专门的和肤浅的。用通常的现实标准来衡量,这种材料是人为的。因为通常的尺度和实际事务有联系。这种材料存在它自己的世界内,没有被通常的思想和表达习惯所融化。总是有一种危险,正规教学的材料仅仅是学校中的教材,和生活经验的教材脱节。永久的社会利益很可能被忽视。那些没有为社会生活结构所吸收,大部分还是用符号表现的专门知识,受到学校的重视。因此,我们有了这样一个通常的教育概念:这种概念忽视教育的社会必要性,不顾教育与影响有意识的生活的一切人类群体的一致性,把教育和传授有关遥远的事物的知识,和通过语言符号即文字传递学问等同起来。

因此,教育哲学必须解决的一个最重要的问题,就是要在非正规的和正规的、偶然的和有意识的教育形式之间保持恰当的平衡。如果所获得的知识和专门的智力技能不能影响社会倾向的形成,平常的充满活力的经验的意义不能增进,而学校教育只能制造学习上的"骗子"——自私自利的专家。一种是人们自觉地学得的知识,因为他们知道这是通过特殊的学习任务学会的,另一种是他们不自觉地学得的知识,因为他们通过和别人的交往,吸取他们的知识,养成自己的品性。避免这两种知识之间的割裂,成为发展专门的学校教育的一个越来越难以处理的任务。

梁启超：美术与生活

按 语

梁启超(1873—1929)，字卓如，号任公，别署饮冰室主人。广东新会人。是戊戌变法领袖之一，中国近代维新派、新史学代表人物。在史学方面建树颇丰，尤其是"新史学""清代学术史"等领域。为清华"国学四大导师"之一。一生笔耕不辍，著作等身，其著作编为《饮冰室合集》。

20世纪20年代，旅欧归国的梁启超积极投身于文化运动与教育事业的建设，将其大部分时间与精力用于著述与讲学，同时心系文化普及工作，热心到各处进行学术演讲。1922年8月13日，梁启超应时任上海美术专门学校校长刘海粟的邀请，就"美术与生活"为题发表演讲。

梁启超的美育思想与"趣味"二字紧密相连，正如他本人所说，他是个"主张趣味主义"的人。他在演讲中申明人生趣味之必要，论述了趣味的三种源泉，即自然、心灵与想象。而美术则同文学与音乐一起，构成刺激趣味生成的三大利器。就美术而言，它或是描写、复现自然之美，或是将人的喜怒哀乐绘于纸上，或是纯凭想象构建超越现实的自由境界。"美"是人类生活中相当重要的组成要素，审美本能人人皆有，趣味也应供人人享用。但因感觉器官的敏锐程度差异、诱发机缘的数量不同，故而人们的趣味有着强弱多少的差别。美术的功用，正在于帮助人们生成趣味，实现美的生活。此篇演讲以美育的社会化、生活化为最终指向,将美育的责任落在学校、教育界同仁以及普通市民身上。

卢雅玲

原刊于1922年8月15日《时事新报·学灯》,本文现摘自夏晓虹编:《梁启超文选》(下卷),福建教育出版社,2020年。

美术与生活

梁启超

诸君！我是不懂美术的人，本来不配在此讲演。但我虽然不懂美术，却十分感觉美术之必要。好在今日在座诸君，和我同一样的门外汉谅也不少。我并不是和懂美术的人讲美术。我是专要和不懂美术的人讲美术。因为人类固然不能个个都做供给美术的"美术家"，然而不可不个个都做享用美术的"美术人"。

"美术人"这三个字是我杜撰的，谅来诸君听着很不顺耳。但我确信"美"是人类生活一要素——或者还是各种要素中之最要者，倘若在生活全内容中把"美"的成分抽出，恐怕便活得不自在甚至活不成！中国向来非不讲美术——而且还有很好的美术，但据多数人见解，总以为美术是一种奢侈品，从不肯和布帛菽粟一样看待，认为生活必需品之一，我觉得中国人生活之不能向上，大半由此。所以今日要标"美术与生活"这题，特和诸君商榷一回。

问人类生活于什么？我便一点不迟疑答道"生活于趣味"。这句话虽然不敢说把生活全内容包举无遗，最少也算把生活根芽道出。人若活得无趣，恐怕不活着还好些，而且勉强活也活不下去。人怎样会活得无趣呢？第一种，我叫他做石缝的生活：挤得紧紧的没有丝毫开拓余地；又好像披枷戴锁，永远走不出监牢一步。第二种，我叫他做沙漠的生活：干透了没有一毫润泽，板死了没有一毫变化；又好像蜡人一般没有一点血色，又好像一株枯树，庾子山说的"此树婆娑生意尽矣"。这种生活是否还能叫作生活，实属一个问题。所以我虽不敢说趣味便是生活，然而敢说没趣便不成生活。

趣味之必要既已如此，然则趣味之源泉在哪里呢？依我看有三种：

第一，对境之赏会与复现：人类任操何种卑下职业任处何种烦劳境界，要之总有机会和自然之美相接触——所谓水流花放，云卷月明，美景良辰，赏心乐事。只要你在一刹那间领略出来，可以把一天的疲劳忽然恢复；把多少时的烦恼丢在九霄云外。倘若能把这些影像印在脑里头令他不时复现，每复现一回，亦可以发生与初次领略时同等或仅较差的效用。人类想在这种尘劳世界中得有趣味，这便是一条路。

第二，心态之抽出与印契：人类心理，凡遇着快乐的事，把快乐状态归拢一想，越想便越有味；或别人替我指点出来，我的快乐程度也增加。凡遇着苦痛的事，把苦痛倾筐倒箧吐露出来，或别人能够看出我苦痛替我说出，我的苦痛程度反会减少。不惟如此，看出说出别人的快乐，也会增加我的快乐。这种道理，因为各人的心都有个微妙的所在，只要搔着痒处，便把微妙之门打开了。那种愉快，真是得未曾有，所以俗话叫做"开心"。我们要求趣味，这又是一条路。

第三，他界之冥构与蓦进：对于现在环境不满，是人类普通心理，其所以能进化者亦在此。就令没有什么不满，然而在同一环境之下生活久了，自然也会生厌。不满尽管不满，生厌尽管生厌，然而脱离不掉他，这便是苦恼根原。然则怎样救济法呢？肉体上的生活，虽然被现实的环境捆死了；精神上的生活，却常常对于环境宣告独立。或想到将来希望如何如何，或想到别个世界例如文学家的桃源，哲学家的乌托邦，宗教学（家）的天堂净土如何如何，忽然间超越现实界闯入理想界去，便是那人的自由天地。我们欲求趣味，这又是一条路。

这三种趣味，无论何人都会发动的。但因各人感觉机关用得熟与不熟，以及外界帮助引起的机会有无多少，于是趣味享用之程度，生出无量差别。感觉器官敏则趣味增，感觉器官钝则趣味减；诱发机缘多则趣味强，诱发机缘少则趣味弱。专从事诱发以刺戟各人器官不使钝的有三种利器：一是文学，二是音乐，三是美术。

今专从美术讲：美术中最主要的一派，是描写自然之美，常常把我们所曾经赏会或像是曾经赏会的都复现出来。我们过去赏会的影子印在脑中，因时间之经过渐渐淡下去，终必有不能复现之一日，趣味也跟着消灭了。一幅名画在此，看一回便复现一回，这画存在，我的趣味便永远存在。不惟如此，还有许多我们从前不注意赏会不出的，他都写出来指导我们赏会的路，我们多看几次，便懂得赏会方法，往后碰着种种美境，我们也增加许多赏会资料了，这是美术给我们趣味的第一件。

美术中有刻画心态的一派，把人的心理看穿了，喜怒哀乐，都活跳在纸上。本来是日常习见的事，但因他写得唯妙唯肖，便不知不觉间把我们的心弦拨动，我快乐时看他便增加快乐，我苦痛时看他便减少苦痛，这是美术给我们趣味的第二件。

美术中有不写实境实态而纯凭理想构造成的。有时我们想构一境，自觉模糊断续不能构成，被他都替我表现了。而且他所构的境界种种色色有许多为我们所万想不到；而且他所构的境界优美高尚，能把我们卑下平凡的境界压下去。他有魔力，能引我们跟着他走，闯进他所到之地。我们看他的作品时，便和他同住一个超越的自由天地，这是美术给我们趣味的第三件。

要而论之，审美本能，是我们人人都有的。但感觉器官不常用或不会用，久而久之麻木了。一个人麻木，那人便成了没趣的人；一民族麻木，那民族便成了没趣的民族。美术的功用，在把这种麻木状态恢复过来，令没趣变为有趣。换句话说，是把那渐渐坏掉了的爱美胃口，替他复原，令他常常吸受趣味的营养，以维持增进自己的生活康健。明白这种道理，便知美术这样东西在人类文化系统上该占何等位置了。

以上是专就一般人说。若就美术家自身说，他们的趣味生活，自然更与众不同了。他们的美感，比我们锐敏若干倍，正如《牡丹亭》说的"我常一生儿爱好是天然"。我们领略不着的趣味，他们都能领略。领略够了，终把些唾余分赠我们。分赠了我们，他们自己并没有一毫破费，正如老子说的"既以为人己愈有,既以与人己愈多"。假使"人生生活于趣味"这句话不错,他们的生活真是理想生活了。

今日的中国,一方面要多出些供给美术的美术家,一方面要普及养成享用美术的美术人。这两件事都是美术专门学校的责任;然而该怎样地督促赞助美术专门学校叫他完成这责任,又是教育界乃至一般市民的责任。我希望海内美术大家和我们不懂美术的门外汉各尽责任做去。

梁启超:趣味教育与教育趣味

按 语

本文为梁启超于1922年4月10日在直隶教育联合研究会上发表的讲演。

梁启超多次在其教育相关演说中论及"趣味主义",他曾在"学问之趣味"一文的起头处,趣将"梁启超"用化学成分分解,他认为"里头只有一种名为'趣味'的元素"。

在本文中,他也提到将趣味看作是"人生观之根柢",认为趣味是生活的原动力。梁启超首先界定了"趣味性质"的标准,他所谓的趣味并不完全等同于当下所惯常理解的某种个人品味,趣味的高低是由教育所决定的。因此,教育家的作用不在于将知识纯然地传递给学生,而是使得受教的学生能够获得某种学问的趣味,其所谓"教育事业,从积极方面说,全在唤起趣味"。在这过程中,教育者与被教育者的生命是并合为一的。

袁安奇

本文选自《饮冰室合集》文集,第13册,略有删节。

趣味教育与教育趣味

梁启超

一

假如有人问我:"你信仰的什么主义?"我便答道:"我信仰的是趣味主义。"有人问我:"你的人生观拿什么做根柢?"我便答道:"拿趣味做根柢。"我生平对于自己所做的事,总是做得津津有味,而且兴会淋漓;什么悲观咧厌世咧这种字面,我所用的字典里头,可以说完全没有。我所做的事,常常失败——严格的可以说没有一件不失败——然而我总是一面失败一面做;因为我不但在成功里头感觉趣味,就在失败里头也感觉趣味。我每天除了睡觉外,没有一分钟一秒钟不是积极的活动;然而我绝不觉得疲倦,而且很少生病;因为我每天的活动有趣得很,精神上的快乐,补得过物质上的消耗而有余。

趣味的反面,是干瘪,是萧索。晋朝有位殷仲文,晚年常郁郁不乐,指着院子里头的大槐树叹气,说道:"此树婆娑,生意尽矣。"一棵新栽的树,欣欣向荣,何等可爱!到老了之后,表面上虽然很婆娑,骨子里生意已尽,算是这一期的生活完结了。殷仲文这两句话,是用很好的文学技能,表出那种颓唐落寞的情绪。我以为这种情绪,是再坏没有的了。何止没长进?什么坏事,都要从此产育出来。总而言之,趣味是活动的源泉,趣味干竭,活动便跟着停止。好像机器房里没有燃料,发不出蒸汽来,任凭你多大的机器,总要停摆。停摆过后,机器还要生锈,产生许多毒害的物质哩!人类若到趣味丧失掉的时候,老实说,便是生活得不耐烦,那人虽然勉强留在世间,也不过行尸走肉。倘若全个社会如此,那社会便是痨病的社会,早已被医生宣告死刑。

二

"趣味教育"这个名词,并不是我所创造,近代欧美教育界早已通行了。但他们还是拿趣味当手段,我想进一步,拿趣味当目的。简单说一说我的意见:

第一,趣味是生活的原动力,趣味丧掉,生活便成了无意义,这是不错。但趣味的性质,不见得都是好的。譬如好嫖好赌,何尝不是趣味?但从教育的眼光看来,这种趣味的性质,当然是不好。所谓好不好,并不必拿严酷的道德论做标准。既已主张趣味,便要求趣味的贯彻,倘若以有趣始,以没趣终,那么趣味主义的精神,算完全崩落了。《世说新语》中记一段故事:"祖约性好钱,阮浮性好屐,世未判其得失。有诣约,见正料量财物,客至屏当不尽,余两小簏,以著背后,倾身障之,意未能平。诣孚,正见自蜡屐;因叹曰:'未知一生当着几两屐。'意甚闲畅,于是优劣始分。"这段话,很可以作为选择趣味的标准。凡一种趣味事项,倘或是要瞒人的,或是拿别人的苦痛换自己的快乐,或是快乐和烦恼相间相续的,这等统名为下等趣味。严格说起来,他就根本不能做趣味的本体;因为认这类事当趣味的人,常常遇着败兴,而且结果必至于俗语说的"没兴一齐来"而后已,所以我们讲趣味的主体,绝不承认此等为趣味。人生在幼年、青年期,趣味是最浓的,成天价乱碰乱迸;若不引他到高等趣味的路上,他们便非流入下等趣味不可。没有受过教育的人,固然容易如此;教育教得不如法,学生在学校里头找不出趣味,然而他们的趣味是压不住的,自然会从校课以外乃至校课反对的方向去找他的下等趣味;结果,他们的趣味是不能贯彻的,整个变成没趣的人生完事。我们主张趣味教育的人,是要趁儿童或青年趣味正浓而方向未决定的时候,给他们一种可以终身受用的趣味。这种教育办得圆满,能够令全社会整个永久是有趣的。

第二,既然如此,那么教育的方法,自然也跟着解决了。教育家无论多大能力,总不能把某种学问教通了学生,只能令受教的学生当着某种学问的趣味,或者学生对于某种学问原有趣味,教育家把他加深加厚。所以教育事业,从积极方面说,全在唤起趣味;从消极方面说,要十分注意不可以摧残趣味。

摧残趣味有几条路。

头一件是注射式的教育。教师把课本里头的东西叫学生强记;好像嚼饭给小孩子吃,那饭已经是一点儿滋味没有了;还要叫他照样的嚼几口,仍旧吐出来看;那么,假令我是个小孩子,当然会认吃饭是一件苦不可言的事了。

这种教育法，从前教八股完全是如此，现在学校里形式虽变，精神却还是大同小异，这样教下去，只怕永远教不出人才来。

第二件是课目太多：为培养常识起见，学堂课目固然不能太少；为消除疲劳起见，每日的课目固然不能不参错调换。但这种理论，只能为程度的适用；若用得过分，毛病便会发生。趣味的性质，是越引越深。想引得深，总要时间和精力比较的集中才可。若在一个时期内，同时做十来种的功课，走马看花，应接不暇，初时或者惹起多方面的趣味，结果任何方面的趣味都不能养成。那么，教育效率，可以等于零。为什么呢？因为受教育受了好些时，件件都是在大门口一望便了，完全和自己的生活不发生关系，这教育不是白费吗？

第三件是拿教育的事项当手段：从前我们学八股，大家有句通行话说他是敲门砖，门敲开了自然把砖来抛却，再不会有人和那块砖头发生起恋爱来。我们若是拿学问当作敲门砖看待，断乎不能有深入而且持久的趣味。我们为什么学数学，因为数学有趣所以学数学；为什么学历史，因为历史有趣所以学历史；为什么学画画，学打球，因为画画有趣，打球有趣，所以学画画学打球。人生的状态，本来是如此，教育的最大效能，也只是如此。各人选择他趣味最浓的事项做职业，自然一切劳作，都是目的，不是手段，越劳作越发有趣。反过来，若是学法政用来作做官的手段，官做不成怎么样呢？学经济用来做发财的手段，财发不成怎么样呢？结果必至于把趣味完全送掉。所以教育家最要紧教学生知道是为学问而学问,为活动而活动;所有学问,所有活动,都是目的,不是手段,学生能领会得这个见解,他的趣味,自然终身不衰了。

三

以上所说,是我主张趣味教育的要旨;既然如此,那么在教育界立身的人,应该以教育为唯一的趣味,更不消说了。一个人若是在教育上不感觉有趣味,我劝他立刻改行,何必在此受苦?既已打算拿教育做职业,便要认真享乐,不辜负了这里头的妙味。

孟子说:"君子有三乐,而王天下不与存焉。"那第三种就是:"得天下英才而教育之。"他的意思是说教育家比皇帝还要快乐。他这话绝不是替教育家吹空气,实际情形确是如此。我常想:我们对于自然界的趣味,莫过于种花;自然界的美,像山水风月等等,虽然能移我情,但我和他没有特殊密切的关系,他的美妙处,我有时便领略不出;我自己手种的花,他的生命和我的生命简直并合为一;所以我对着他,有说不出来的无上妙味。凡人工所做的事,那失败和成功的程度都不能预料;独有种花,你只要用一分心力,自然有一分效果还你,而且效果是日日不同,一日比一日进步。教育事业正和种花一样:教育者与被教育者的生命是并合为一的,教育者所用的心力,真是俗语说的"一分钱一分货",丝毫不会枉费,所以我们要选择趣味最真而最长的职业,再没有别样比得上教育。

……

教育家还有一种特别便宜的事,因为"教学相长"的关系,教人和自己研究学问是分离不开的:自己对于自己所好的学问,能有机会终身研究,是人生最快乐的事,这种快乐,也是绝对自由,一点不受恶社会的限制。做别的职业的人,虽然未尝不可以研究学问,但学问总成了副业了;从事教育职业的人,一面教育,一面学问,两件事完全打成一片。所以别的职业是一重趣味,教育家是两重趣味。

孔子屡屡说"学而不厌,诲人不倦",他的门生赞美他说"正唯弟子不能及也"。一个人谁也不学,谁也不诲,所难者确在不厌不倦。问他为什么能不厌不倦呢?只是领略得个种趣味,当然不能自己。你想:一面学,一面诲人,人也教得进步了,自己所好的学问也进步了,天下还有比他再快活的事吗?人生在世数十年,终不能一刻不活动,别的活动,都不免常常陷在烦恼里头,独有好学和好诲人,真是可以无入而不自得,若真能在这里得了趣味,还会厌吗?还会倦吗?孔子又说:"知之者不如好之者,好之者不如乐之者。"诸君都是在教育界立身的人,我希望更从教育的可好可乐之巅,切实体验,那么,不惟诸君本身得无限受用,我们全教育界也增加许多活气了。

『教育是一种社会过程』

杜威:什么是教育?什么是学校?

按 语

约翰·杜威(John Dewey,1859年10月20日—1952年6月1日),美国著名哲学家、教育家、心理学家、实用主义的集大成者,也是机能主义心理学和现代教育学的创始人之一。他是现代西方教育史上最具影响力的代表人物之一,其基于实用主义的教育思想至今仍有较大影响。《我的教育信条》是他早期的一部纲领性著作,撰写于任教芝加哥大学期间。

在这部著作中,杜威提出了实用主义教育思想的基本观点,将自己的教育信条分成五个方面,包括教育、学校、教材、方法的性质、学校与社会进步,并分析了每条的重要性与意义。本文即节选了其中的前两条——"什么是教育?""什么是学校?"

对于教育,杜威主张:"一切教育都是个人参与人类的社会意识而进行的,这个过程不断地发展个人的能力,熏染他的意识,形成他的习惯,锻炼他的思想,并激发他的感情和情绪。"他认为,教育是学生能动地参与社会,改造现实的生活过程,是一种在经历中感知和体验的实践过程。在这个过程中,学生获得与分享人类曾经积累下来的智慧和道德财富,因此,"教育是生活的过程,而不是将来生活的预备"。

对于学校,杜威主张:"学校主要是一种社会组织。教育既然是一种社会过程,学校便是社会生活的一种形式。"在他眼中,学校是相当于一个微型社会,必须呈现现在的生活——对于儿童说来是真实而生气勃勃的生活。但与此同时,他同样认为学校与社会需要有所区别，学校应该根据儿童在成长过程中的心理和社会性两方面需求，对真实的社会生活进行简化与筛选，营造适宜儿童成长的环境，使儿童避免直接接触复杂的现实生活而"陷于迷乱"。如其所言，"学校作为一种制度，应当把现实的社会生活简化起来，缩小到一种雏形的状态"。

作为实用主义哲学的集大成者，杜威的教育观念常以"经验"为中心。他提出："经验的过程就是生活；生活不是在虚空里面的，乃是在一个环境里面的，乃是由于这个环境的。"并且，他认为经验不是孤立存在的，而是在有机体与环境互动中形成的。故而，他反对孤立和过于抽象地看待任何事物，而是倾向于将人们所面临的种种处境看作一个个问题，科学的任务便是观察和分析问题，在理性综合的考量构成问题的各种因素后求得解决问题的思路，最后在行动中加以验证。基于此，他进一步提出：经验的活用，即为理性和智慧。因此，"要想做真正的教育，学校必须借鉴一些合理的经验，让学生拥有丰富的经验"。

胡适曾在《实验主义》一文中这样评价杜威："杜威在哲学史上是一个大革命家。为什么？因为他把欧洲近世哲学从休谟和康德以来的哲学根本问题一齐抹煞，一齐认为没有讨论的价值。一切理性派与经验派的争论，一切唯心论与唯物论的争论，一切从康德以来的知识论，在杜威的眼里，都是不成问题的争论，都可'以不了了之'。……杜威说近代哲学的根本大错误就是不曾懂得'经验'究竟是个什么东西。"

任晓栋

本文节选自杜威所著《我的教育信条》，彭正梅译，上海人民出版社，2017年。

什么是教育?什么是学校?

杜 威

一、什么是教育?

我相信——

一切教育都是通过个人参与人类的社会意识而进行的。

这个过程几乎是在出生时就在无意识中开始了。它不断地发展个人的能力,熏染他的意识,形成他的习惯,锻炼他的思想,并激发他的感情和情绪。由于这种不知不觉的教育,个人便渐渐分享人类曾经积累下来的智慧和道德的财富。他就成为一个固有文化资本的继承者。世界上最形式的、最专门的教育确是不能离开这个普遍的过程。教育只能按照某种特定的方向,把这个过程组织起来或者区分出来。

惟一的真正的教育是通过对于儿童的能力的刺激而来的,这种刺激是儿童自己感觉到所在的社会情境的各种要求引起的,这些要求刺激他,使他以集体的一个成员去行动,使他从自己行动和感情的原有的狭隘范围里显现出来;而且使他从自己所属的集体利益来设想自己。通过别人对他自己的各种活动所做的反应,他便知道这些活动用社会语言来说是什么意义。这些活动所具有的价值又反映到社会语言中去。例如,儿童由于别人对他的呀呀的声音的反应,便渐渐明白那呀呀的声音是什么意思,这种呀呀的声音又逐渐变化为音节清晰的语言,于是儿童就被引导到现在用语言总结起来的统一的丰富的观念和情绪中去。

这个教育过程有两个方面:一个是心理学的,一个是社会学的。它们是平列并重的,哪一方面也不能偏废。否则,不良的后果将随之而来。这两者,心理学方面是基础的。儿童自己的本能和能力为一切教育提供了素材,并指出了起点。除了教育者的努力是同儿童不依赖教育者而自己主动进行的一些活动联系的以外,教育便变成外来的压力。这样的教育固然可能产生一些表面的效果,但实在不能称它为教育。因此,如果对于个人的心理结构和活动缺乏深入的观察,教育的过程将会变成偶然性的、独断的。如果它碰巧与儿童的活动相一致,便可以起到作用;如果不是,那么它将会遇到阻力、不协调,或者束缚了儿童的天性。

为了正确地说明儿童的能力,我们必须具有关于社会状况和文明现状的知识。儿童具有自己的本能和倾向,在我们能够把这些本能和倾向转化为与他们的社会相当的事物之前,我们不知道它们所指的是什么。我们必须能够把它们带到过去的社会中去,并且把它们看作是前代人类活动的遗传。我们还必须能把它们投射到将来,以视他们的结果会是什么。在前一个例子中,正是这样能够在儿童的呀呀的声音里,看出他将来的社会交往和会话的希望和能力,使人们能够正确地对待这种本能。

心理的和社会的两个方面是有机地联系着的,而且不能把教育看作是二者之间的折衷或其中之一凌驾于另一个之上而成的。有人说从心理学方面对教育所下的定义是空洞的、形式的——它只给我们以一个发展一切心能的观念,却没有给我们以怎样利用这些心能的观念。另一方面,又有人坚决认为,教育的社会方面的定义(即把教育理解为与文明相适应)会使得教育成为一个强迫的、外在的过程,结果把个人的自由隶属于一个预定的社会和政治状态之下。

假如把一个方面看作是与另一个方面孤立不相关而加以反对的话,那么这两种反对的论调都是对的。我们为了要知道能力究竟是什么,我们就必须知道它的目的、用途或功能是什么;而这些,是无法知道的,除非我们认为个人是在社会关系中活动的。但在另一方面,在现在情况下,我们能给予儿童的唯一适应,便是由于使他们充分发挥其能力而得的适应。由于民主和现代工业的出现,我们不可能明确地预言二十年后的文化是什么样子,因此也不能准备儿童去适合某种定型的状况。

准备让儿童适应未来生活,那意思便是要使他能管理自己;要训练他能充分和随时运用他的全部能量;他的眼、耳和手都成为随时听命令的工具,他的判断力能理解它必须在其中起作用的周围情况,他的动作能力被训练能达到经济和有效果地进行活动的程度。除非我们不断地注意到个人的能力、爱好和兴趣——也就是说,除非我们把教育不断地变成心理学的名词,这种适应是不可能达到的。

总之，我相信，受教育的个人是社会的个人，而社会便是许多个人的有机结合。如果从儿童身上舍去社会的因素，我们便只剩下一个抽象的东西。如果我们从社会方面舍去个人的因素，我们便只剩下一个死板的没有生命力的集体。因此，教育必须从心理学上探索儿童的能力、兴趣和习惯开始。它的每个方面，都必须参照这些考虑加以掌握。这些能力、兴趣和习惯必须不断地加以阐明——我们必须明白它们的意义是什么。必须用和它们相当的社会事物的用语来加以解释——用他们在社会事务中能做些什么的用语来加以解释。

二、什么是学校？

我相信——

学校主要是一种社会组织。

教育既然是一种社会过程，学校便是社会生活的一种形式。在这种社会生活的形式里，凡能最有效地培养儿童分享人类所继承下来的财富以及为了社会的目的而运用自己的能力的一切手段，都被集中起来。因此，教育是生活的过程，而不是将来生活的预备。

学校必须呈现现在的生活——对于儿童说来是真实而生气勃勃的生活，像他们在家庭里、在邻里间、在运动场上所经历的生活那样。

不通过各种生活形式，或者不通过那些本身就值得生活的生活形式来实现的教育，对于真正的现实总是贫乏的代替物，结果形成呆板而死气沉沉的局面。学校作为一种制度，应当把现实的社会生活简化起来，缩小到一种雏型的状态。现实生活是如此复杂，以致儿童不可能同它接触而不陷于迷乱；他不是被正在进行的那种活动的多样性所淹没，以致失去自己有条不紊的反应能力，便是被各种不同的活动所刺激，以致他的能力过早地被发动，致使他的教育不适当地偏于一面或者陷于解体。

既然学校生活是如此简化的社会生活，那么它应当从家庭生活里逐渐发展出来：它应当采取和继续儿童在家庭里已经熟悉的活动。学校应当把这些活动呈现给儿童，并且以各种方式把它们再现了来，使儿童逐渐地了解它们的意义，并能在其中起着自己的作用。这是一种心理学的需要，因为这是使儿童获得继续生长的唯一方法，也是对学校所授的新观念赋予旧经验的背景的唯一方法。

这也是一种社会的需要，因为家庭是社会生活的一种形式，儿童在其中获得教养和道德的训练。加深和扩展他的关于与家庭生活联系的价值的观念，是学校的任务。现在教育上许多方面的失败，是由于它忽视了把学校作为社会生活的一种形式这个基本原则。现代教育把学校当作一个传授某些知识，学习某些课业，或养成某些习惯的场所。这些东西的价值被认为多半要取决于遥远的将来；儿童所以必须做这些事情，是为了他将来要做某些别的事情；而这些事情只是预备而已。结果是，它们并不成为儿童的生活经验的一部分，因而并不真正具有教育作用。

道德教育集中在把学校作为一种社会生活的方式这

个概念上，最好的和最深刻的道德训练，恰恰是人们在工作和思想的统一中跟别人发生适当的关系而得来的。现在的教育制度，就它对于这种统一的破坏或忽视而论，使得达到任何真正的、正常的道德训练变为困难或者不可能。儿童应当通过集体生活来使他的活动受到刺激和控制。在现在的情况下，由于忽视了把学校作为社会生活的一种方式这个概念，来自教师的刺激和控制是太多了。教师在学校中的地位和工作必须按同样的基本观点来加以阐明。教师在学校中并不是要给儿童强加某种概念，或形成某种习惯，而是作为集体的一个成员来选择对于儿童起作用的影响，并帮助儿童对这些影响做出适当的反应。

学校中的训练应当把学校的生活作为一个整体来进行，而不是直接由教师来进行。教师的职务仅仅是依据较多的经验和较成熟的学识来决定怎样使儿童得到生活的训练。儿童的分班和升级的一切问题，都应当参照同样的标准来决定。考试不过是用来测验儿童对社会生活的适应能力，并表明他在哪种场合最能起作用和最能接受帮助。

怀特海：
教育是教人们掌握如何运用知识的艺术（节选）

按 语

在知识分科、专业精分的环境中，如何看待教育的目的与要旨？

怀特海曾提出："教育只有一个主题，那就是五彩缤纷的生活。"

怀特海认为，教育应着眼于人的整体生活，引导个体领悟"生活的艺术"，进而不断实现自我的成长。在本文中，他借由专业知识与文化的关系，提出："我们要造就的是既有文化又掌握专门知识的人才。专业知识为他们奠定起步的基础，而文化则像哲学和艺术一样将他们引向深奥高远之境。"而达致这一点的核心，是要使人的精神和思想永久葆有活力，故而在教育中要重视两条戒律：其一，"不可教太多的科目"；其次，"所教科目务须透彻"。

由此，他通过一"破"一"立"两个维度，确立教育的"通"与"活"两个要旨。"破"的是科目割裂、知识零碎的传统灌输式教育，"立"的是激发活跃头脑进而主动吸收、融汇知识的"一通百通"的教育。怀特海认为传统教育的一大弊端在于：未能向学生传授贯通的知识，无法使学生把握生命这个统一的整体。因此，他将"不要教太多科目"视为教育的一条重要法则，因为"如果教师零敲碎打地教授很多科目，学生就只能被动地接受那些不连贯的知识,却不能受到任何富有活力的思想的启发"。理想的教育,应当如同有机体对食物的吸收,是一个充满活力、主动建构自身的过程:"教育本质上必定是有序地整理头脑中已有的那些活跃而纷乱的思想",而要拥有活跃的头脑,就"必须让孩子自由地思考""自由地对未知领域进行探险,见识宇宙万物的丰富多彩"。基于此,他倡导"教育应该从研究活动开始,并以研究活动结束"。

阿尔弗雷德·诺思·怀特海(Alfred North Whitehead,1861—1947),英国数学家、哲学家、教育家。他与罗素合著的《数学原理》,被称为20世纪逻辑学和数学的划时代巨著,标志着人类逻辑思维的空前进步。他也是过程哲学的创始人,建立了庞大的形而上学体系,《过程与实在》《观念的历险》等为其哲学代表作。他的教育思想,集中体现在《教育的目的》一书中。

怀特海以宇宙生命的创生力为最高本体,这使他的教育思想带有生命哲学的特质。并且,他的哲学主张"所有事物都不是静态的、定型的,而是处于形成(becoming)过程的有机体",亦使他在面对教育问题时,尤其强调学生内在活力的"生长"和自我形成的过程。落实到面向实践的教育观念上,便是对自我形成或发展阶段的关注与区别对待。因此,怀特海主张:教育需要关注人的生命及其智力发展的不同阶段,"忽视智力发展的节奏和特性,是造成教育死板而无效的一个主要原因",正确的做法是,"当学生的智力发育达到适当的阶段,他们应该因时制宜地学习不同的科目和采用不同的学习方法"。也正基于此,他将教育分成了不同阶段:浪漫阶段、精确阶段与综合阶段。

这便是享誉欧美教育界的"教育三阶段论"。浪漫阶段是"开始进行理解"的阶段,其主题在于以生动、直观的方式探索新鲜的事物,发现种种未知的联系和可能性。精确阶段关注对知识的精确表达。综合阶段是"回归浪漫"的阶段。在怀特海看来,这三个阶段不仅是人之生长周期的反映,也应落实为教育的实践周期。

任晓栋

本文节选自怀特海《教育的目的》(第一章),徐汝舟译,生活·读书·新知三联书店,2022年。以上为本文的相关背景信息。

教育是教人们掌握如何运用知识的艺术（节选）

怀特海

　　文化是思想活动，是对美和高尚情感的接受。支离破碎的信息或知识与文化毫不相干。一个人仅仅见多识广，他不过是这个世界上最无用而令人讨厌的人。我们要造就的是既有文化又掌握专门知识的人才。专业知识为他们奠定起步的基础，而文化则像哲学和艺术一样将他们引向深奥高远之境。我们必须记住，自我发展才是有价值的智力发展，而这种发展往往发生在16岁到30岁之间。至于说到人的培养，人们所受到的最重要的培养是他们12岁以前从母亲那里接受的教养。大主教坦普尔的一句名言可以说明我的意思。一个曾经在拉格比公学读书时成绩平平的男孩，长大后取得了成就，这不禁使人感到惊讶。坦普尔大主教的回答是："人们18岁时怎么样并不重要，重要的是他们后来会如何发展。"

　　培养一个儿童如何思维，最重要的是必须注意我所说的那种"呆滞的思想"——这种思想仅为大脑所接受却不加以利用，或不进行检验，或没有与其他新颖的思想有机地融为一体。

　　在教育发展史上，最引人注意的现象是，一些学校在某个时期充满天才创造的活力,后来却迂腐而墨守成规。其原因就在于,这些学校深受这种呆滞思想的束缚和影响。囿于这种思想的教育不仅毫无价值,还极其有害。除了在知识蓬勃发展的少数时期外,过去的教育完全受这种呆滞思想的影响。这也说明为什么那些聪慧的妇女,虽然她们未受教育,但阅历丰富,当她们步入中年时,便成为社会中最有文化修养的群体。她们免受了这种呆滞思想的可怕束缚。使人类走向伟大崇高的每一次知识革命无不是对这种呆滞思想的激烈反抗。然而,遗憾的是,我们对人类的心理特点茫然无知,于是某种教育体制自身形成的僵化思想重又束缚了人类。

现在让我们来看看,在我们的教育制度中应如何防止这种精神和思想上的僵化陈腐。我们先来说明教育上的两条戒律:其一,"不可教太多的科目";其次,"所教科目务须透彻"。

在众多的科目中选择一小部分进行教授,其结果是,学生被动地接受不连贯的思想概念,没有任何生命的火花闪烁。在儿童教育中引进的主要思想概念要少而精,这些思想概念能形成各种可能的组合,儿童应该使这些思想概念变成自己的概念,应该理解如何将它们应用于现实生活中。儿童从一开始接受教育起,就应该体验发现的乐趣。他必须发现,一般的概念能使他理解他一生中遇到的、构成他生活的种种事件。我用"理解"这个词,意思不仅限于一种逻辑分析,虽然它包含了逻辑分析。我用这个词是取它在法国谚语"理解一切即宽恕一切"中的含义。

卖弄学问的人会讥笑那种实用的教育。但教育若无用,它又何成其为教育?难道教育是一种不加以利用的才智?教育当然应该有用,不管你的生活目的是什么。教育对圣·奥古斯丁有用,对拿破仑有用。教育有用,因为理解生活是有用的。

我只是简单地提到应由文学教育传授的那种理解,我也不希望人们以为我要对古典或现代课程的价值发表评论。我只想说,我们需要的理解是一种对现在的理解。过去的知识惟其有价值,就在于它武装我们的头脑,使我们面对现在。再没有比轻视现在给青年人带来更严重的危害了。现在包含一切。现在是神圣的境界,因为它包含过去,又孕育着未来。同时我们必须注意,一个两百年前的时代与一个两千年前的时代同样古老。不要被形式上的年代所蒙蔽。莎士比亚和莫里哀的时代与索福克勒斯和维吉尔的时代一样古老。先贤们的思想交流是启发灵智的盛会,但聚会只可能有一个殿堂,这就是现在;任何先贤来到这个殿堂所经历的时间没有什么不同的意义。

当我们转而考察科学和逻辑的教育时,我们应记住,在这里不加利用的思想概念同样是十分有害的。我所说的利用一个思想概念,是指将它与一连串复杂的感性知觉、情感、希望、欲望以及调节思维的精神活动联系在一起,这构成了我们的生活。我可以想象那些通过被动地考察不连贯的思想来加强自己灵魂的人,但人类不是这样发展而来的——也许某些报纸的编辑是这样。

在科学训练中,对一个概念所要做的第一件事就是去证明它。但请允许我先扩展"证明"这个词的含义:我的意思是——证明其价值。如果体现某一思想概念的主题不真实,那么这个思想概念就没有多少价值。因此,对某一思想概念的证明,最重要的是通过实验证明或在逻辑上证明其主题的真实性。但证明主题的真实性并不构成最初采用这一概念的必要条件。毕竟,可尊敬的教师们的权威意见坚持这一点,这是开始讨论这个问题的充分根据。在我们最初接触一系列命题时,我们从评价它们的重要性入手。这是我们所有的人在后半生所做的事。从严格的意义上说,我们并不试图证明或反驳任何事物,除非其重要性值得我们这样做。证明(从狭义上说)和评价,这两个过程并不要求在时间上严格地分开,两者几乎可能同时进行。但因为任何一个过程必须有优先性,因此应该优先考虑评价过程。

此外,我们不应该试图孤立地利用各种主题。我的意思绝不是用一组简单的实验说明主题Ⅰ,然后证明主题Ⅰ;接着用一组简单的实验说明主题Ⅱ,然后证明主题Ⅱ,依次进行直到书的末尾。再没有比这更枯燥的了。互相联系的原理作为整体一起加以利用,各种不同的主题按任何顺序反复使用。从理论科目中选择一些重要的用途,通过系统的理论阐述对这些用途同时进行研究。理论阐述须简短,但应严谨精确。它不能太长,否则人们不易透彻准确地理解。头脑里装满大量一知半解的理论知识,其后果令人悲叹。理论也不应该与实际相混淆。儿童在证明和利用时,他不应该有疑虑。我的观点是,被证明的应该加以利用，被利用的应该（只要可行）加以证明。我绝不坚持认为证明和利用是同一件事。

叙述到此，我可以用一种表面看似离题的方式更直接地阐明我的论点。我们刚刚开始认识到，教育的艺术和科学需要一种天才，需要对这种艺术及科学进行研究；我们认识到，这种天才和科学不仅仅是某种科学的或文学的知识。上一代人只是部分地认识这个道理；中学和小学里那些多少有点粗俗的校长们，往往要求同事们左手投保龄球，要求他们对足球感兴趣，以此来取代学术。然而，文化比保龄球丰富，比足球丰富，文化也比广博的知识更为丰富。

教育是教人们掌握如何运用知识的艺术。这是一种很难传授的艺术。你可以肯定，不管什么时候，只要有人写出一本具有真正教育价值的教科书，就会有某位评论家说这本教材很难用。这种教材当然不容易教。倘若容易，就应该将它付之一炬，因为它不可能有教育的价值。在教育中就像在其他领域中一样，那条宽广却又危险的路通往一个糟糕的地方。这条有害的路由一本书或一系列讲座来体现，书和讲座几乎能使学生记住下一次校外考试中可能出现的所有问题。我可以顺便说一句，一个学生在任何考试中要直接回答的每一个问题如果不由他的老师设计或修改，这种教育制度是没有发展前途的。校外评定员可以报告课程的情况或学生的表现，但绝不能问未经学生自己的教师严格审阅的问题，或者这个问题至少是经过与学生长时间的讨论而引发出来的。这条规则有少数例外,但因为它们是例外,在总的规则下是容易允许的。

现在回到我前面提到的论点,即各种理论概念在学生的课程中应该永远具有重要的应用性。这并不是一个容易付诸实践的原理,相反,很难实行。它本身便涉及这样的问题:要使知识充满活力,不能使知识僵化,而这是一切教育的核心问题。

最好的做法取决于以下诸项不可忽视的因素,即教师的天赋,学生的智力类型,他们生活的前景,学校周围环境提供的机会,以及与此相关的各种因素。正是由于这个原因,统一的校外考试是极其有害的。我们指责这种考试并非因为我们是怪人,也不是因为我们热衷于指责已经确定的事物。我们并不这样幼稚。当然,这类考试在检查学生的懈怠方面也有用处。我们讨厌这种考试的理由是十分明确而又具有实际意义的,因为它扼杀了文化的精髓。当你凭据经验来分析教育的中心任务时,你会发现,圆满完成这一任务取决于对多种可变因素做精妙的调整。这是因为,我们是在与人的大脑而不是与僵死的物质打交道。唤起学生的求知欲和判断力,以及控制复杂情况的能力,使他们在特殊情况下应用理论知识对前景做出展望——所有这些能力不是靠一条体现在各科目考试中的固定规则所能传授的。

我请你们这些注重实际的教师们注意。如果一个班级的课堂纪律良好,那么就有可能向学生们灌输一定量的死板的知识。你采用一种教材,让他们学习。在某种程度上来说，一切顺利。学生们然后知道了如何解二次方程。但教会学生解二次方程的意义是什么呢？对这个问题有一种传统的回答，即人的大脑是一种工具，你首先要使它锋利，然后再使用它；掌握解二次方程的本领便是一种磨砺大脑的过程。这个回答具有一定的真实性，因此几代教育家都接受了它。但尽管如此，它包含一种根本性的错误，可能扼杀我们这个世界的天才。我不知道是谁最先把人的大脑比作一种无生命的工具。据我所知，这也许是希腊七个智者中的一位提出的，或者是他们全体的看法。不管发明者是谁，历代杰出人物赞同此说而使它具有的权威性不容怀疑。然而，不管这种说法多么权威，不管什么样的名人对此表示过赞同，我都毫不犹豫地抨击这种说法，视其为迄今存在于教育理论中的最致命、最错误因而也是最危险的一种观点。人的大脑从来不是消极被动的；它处于一种永恒的活动中，精细而敏锐，接受外界的刺激，对刺激做出反应。你不能延迟大脑的生命，像工具一样先把它磨好然后再使用它。不管学生对你的主题有什么兴趣，必须此刻就唤起它；不管你要加强学生什么样的能力，必须即刻就进行；不管你的教学给予精神生活什么潜在价值，你必须现在就展现它。这是教育的金科玉律，也是一条很难遵守的规律。

这种困难在于：对于一般概念的理解，以及大脑智力活动的习惯，还有对智力成就的令人快乐的关注，这些都无法用任何形式的言语唤起，不管你怎样正确地调整。凡有实际经验的教师都知道，教育是一种掌握种种细节的需要耐心的过程，一分钟，一小时，日复一日的循环。企图通过一种虚幻的方法做出高明的概括，学习上绝无此种捷径。我们知道有一句谚语"见树不见林"，这正是我要强调的一点。教育需要解决的问题就是使学生通过树木看见森林。

我极力主张的解决方法是，要根除各科目之间那种致命的分离状况，因为它扼杀了现代课程的生命力。教育只有一个主题，那就是五彩缤纷的生活。但我们没有向学生展现生活这个独特的统一体，而是教他们代数、几何、科学、历史，却毫无结果；我们让孩子们学两三种语言，但他们却从来没有真正掌握；最后，是最令人乏味的文学，常常是莎士比亚的一些戏剧作品，配有实际上是为让学生背诵的语言方面的注释和简短的剧情人物分析。以上这些能说代表了生活吗？充其量只能说，那不过是一个神在考虑创造世界时他脑海中飞快浏览的一个目录表，那时他还没有决定如何将它们合为一体。

现在让我们回到二次方程上来，我们还没有解决这个问题。为什么要教儿童二次方程的解法？如果二次方程不适合一套连贯的课程，当然没有理由去教与它有关的任何知识。此外，因为数学在整个文化中的位置应该涉及很广的范围，我有点怀疑对许多类型的儿童来说，二次方程的代数解法是否不取决于数学的专业化的一面。在此我可以提醒你们，到目前为止我还没有对心理学或专门化内容作任何评论，而它是理想教育的必要组成部分。不过，以上所说是回避我们前面提到的问题，我说这些只是为了使我下面的回答不致引起误解。

二次方程是代数学的一部分，而代数学是人们创造出来用以清晰描绘量化世界的智力工具。我们无法回避数量，世界自始至终都受到数量的影响，说话有道理就是作量化描述。说这个国家大毫无意义——有多大？说缺乏镭也无意义——缺多少？你不能回避量的概念。也许你可以转向诗歌和音乐的王国，但在节奏和音阶方面你仍会遇到量和数。那些蔑视数量理论的优雅的学者是不健全的。与其指责他们，不如怜悯他们。他们在学校中学到的那些零星的莫名其妙的代数知识应该受到轻视。

代数学无论在表面上还是事实上，都退化成了无意义的所谓知识，这为我们提供了一个可悲的例子，说明如果人们对自己希望在儿童生动活泼的头脑里唤起的特性缺乏清晰的概念，则改革教育的计划表是没有价值的。几年前，人们强烈要求改革学校中的代数课，但多数人都同意图表可以解决一切问题。于是，学校淘汰了所有的方法，开始推行图表法。但就我所看到的而言，仅仅是图表而已，根本没有思想或概念。现在每次考试总有一两道图解题。我个人是图解法的积极拥护者，但我不知道我们是否取得了很大的进展。生活与所有智力或情感认知能力的某种基本特点之间存在着关系，如果你不能展现这种关系，你就无法将生活融入任何普通教育的计划中。这是一句难理解的话，但它有道理。我不知道如何使它更容易理解。在做这种小小的正式改动时,你恰恰被事物的本质难倒。你的对手本领太高,他能使豌豆永远在另一个套筒下。

改革必须从另一边开始。首先,你必须接受普通教育中很容易采用的对世界的量化描述方法。其次,应该制订出代数的计划,这个计划将在这些应用中发现它的范例。我们不必担心我们特别喜欢的那些图表,当我们开始把代数学当作研究世界的重要手段时,图表会大量出现。对社会进行最简明的研究时,可以用某些最简单的图表来进行量化描述。历史课图表中的那些曲线要比枯燥的人名、日期一览表更生动,更直观,但这种一览表却构成了我们学校枯燥的学习中的主要内容。不知名的国王和王后的一览表能达到什么目的?汤姆、迪克,或哈里,他们都死了。普通的起死回生是不可能的。现代社会中各种势力的量的变化可以用极简明的方法显示。同时,关于变量的概念,关于函数、变化速率、方程及其解法的概念,还有数学中消去的概念,都因其自身的原因而被作为一种纯概念的科学来进行研究。当然,不是用此刻我提到它们时所用的这些华丽的词藻,而是重复使用那些适合教学的简单而特殊的实例。

如果遵循这样一条路线,那么从乔叟到黑死病,从黑死病到现代劳工问题,这条线索将把中世纪有关朝圣者们的传说与代数这门抽象的科学联系起来,两者都从诸多不同的方面反映了那个独一无二的主题,即生活。我知道你们大多数人对这一点的看法。你们认为我所勾勒出的这条线索并不是你们想选择的线索,甚至也不是你们要看它如何起作用的线索。对此我颇为赞同。我并不是说我可以自己做这点。但你们的反对恰恰说明了为什么统一的校外考试对教育是极其有害的。展现知识应用的过程若要取得成功，必须首先取决于学生的特点和教师的天赋。当然，我忽略了我们大多数人都比较熟悉的最简单的应用。我指的是那些涉及量的科学，如力学和物理学。

而且，在同样的关系中，我们用社会现象的统计资料与时间对照，然后我们取消相关的一对事实之间的时间。我们能够推断我们在多大程度上展现了一种真正的因果关系，或多大程度上仅仅是时间上的巧合。我们注意到，对不同国家的事实，我们可能使用了一组不同的统计数据与时间对照。这样，通过对题目的适当选择，就可能得到肯定仅仅是展现巧合的图表。同样，其他图表可显示明显的因果关系。我们不知道如何区分两者间的不同，因此我们继续论述。

然而，在考虑这种描述时，我必须请你们记住我始终坚持的下述论点。首先，一种想法不会适合各种类型的儿童。例如，我想，手工灵巧的儿童会需要比我在此记下的更具体、从某种意义上来说更敏捷的东西。也许我错了，但我应该做这种推测。其次，我并不认为一次出色的讲座就能一劳永逸地引起全班的赞美。这不是教育进展的方式。不，学生们始终在努力地解题，画图表，做实验，直到他们完全掌握了整个题目。我在描述各种解释，即在思维方面应给予孩子们的指导。必须让学生感到他们在学习某种东西，而不仅仅是在表演智力的小步舞。

最后,如果你教的学生要参加某种统一的普通考试,那么如何实施完美的教学便是一个极其复杂的问题。你是否注意过诺曼式拱形结构那弯曲的造型?古代的作品精美绝伦,现代的作品则丑陋不堪。其原因就在于,现代作品按精确的尺寸设计制作,而古代的作品则随工匠的风格而变化。现代是拥挤,古代是舒展。现在,要使学生通过考试,就要对教学的各个科目都给予同等的重视。但人类天生是一个适应并局限于一定生存模式的专门化的物种。某个人看见的是整个题目,而另一个人则可能只发现一些独立的例证。我知道,在专为一种广博的文化而设计的课程中为专门化留出余地似乎是矛盾的。但没有矛盾,世界会变得更简单,也许更单调。我肯定,在教育中只要你排斥专门化,你就是在破坏生活。

现在我们来看看普通数学教育中的另一个重要的分支:几何学。同样的原理也适用于这里。理论部分应该轮廓分明,严密,简洁,有重要意义。对显示各种概念之间主要联系并非必要的任何论点都应删除,但应保留所有重要的基本概念。不应删除这样的概念,如相似性和比例。我们必须记住,由于图形的视觉效果提供的帮助,几何学是训练大脑推理演绎能力的无与伦比的学科。当然,随后就有了几何制图,它训练人的手和眼睛。

然而,像代数学一样,几何与几何制图必须超越几何概念的范畴。在相邻的工业领域,机械和车间操作实践形成几何学知识的适当延伸。例如,伦敦工艺专科学校在这方面取得了引人注目的成就。对许多中等学校来说,我建议使用测量和绘图法。尤其是平板仪测量可以使学生对几何原理的直接应用产生一种生动的理解。简单的绘图工具,一条测链,一个测绘罗盘仪,这些东西可以引导学生从勘测和丈量一块场地进而绘制一个小区域的地图。最优秀的教育在于能够用最简单的工具获得最多的知识。提供精制的工具仪器会受到反对。绘制出一个小区域的地图,细心考虑该区的道路、轮廓、地质情况、气候,该区与其他地区的关系,以及对该区居民地位的影响,这些会比任何关于珀金·沃贝克或贝伦海峡(Bering Strait)的知识使学生懂得更多的历史和地理。我的意思不是指就这个题目做一次含糊不清的演讲,而是进行认真的调查研究,这种调查通过正确无误的理论知识来确定真实的事实。一个典型的数学问题应该是:测量某一块场地,按某种比例尺绘制出它的平面图,并找到这样的地方。这是一种很好的程序,即提出必要的几何命题却不进行证明。然后在进行测量的同时学会证明这个命题。

幸运的是,教育涉及的专业化的一面所提出的问题比普通文化提出的问题更容易些。原因是多方面的。一个原因是,须要遵守的许多程序的原则在这两种情况下是相同的,因此不必重新讲述。另一个原因是,专门化的训练出现在——或者说应该出现在——学生课程的更高级的阶段,此时可以利用比较容易些的材料。但毫无疑问,主要原因是,对学生来说,专业学习通常是一种具有特殊兴趣的学习。学生之所以学习某种专门知识,部分原因是因为他想了解这种知识。这就使情况大不相同了。普通文化旨在培养大脑的智力活动,而专业课程则是利用这种活动。但不应过分强调两者之间这种简单的对立。正如我们所看到的,在普通的文化课程中,学生会对特殊的问题产生兴趣;同样,在专业学习中,学科外在的联系使学生的思想驰骋于专业领域之外更广阔的空间。

此外,在学习中不存在一种课程仅仅传授普通的文化知识,而另一种课程传授特殊的专业知识。为接受普通教育而学习的课程是为学生特别设置的专门学习的课程。另一方面,促进普通脑力活动的一种方法是培养一种特殊的专注。你不能将学习浑然一体的表面分开。教育所要传授的是对思想的力量、思想的美、思想的条理的一种深刻的认识,以及一种特殊的知识,这种知识与知识掌握者的生活有着特别的关系。

对思想条理的领会是有文化教养的人通过专门学习才能得到的。我指的是对通盘棋的辨别力,对一组思想与另一组思想间关系的辨别力。只有通过专门学习,人们才能领会一般思想的准确阐述,领会这些思想被阐述时它们相互间的关系,领会这些思想对理解生活的作用。经过这样训练的大脑应具备更抽象和更具体的思维能力。它一直在受着这样的训练:理解抽象的思维,分析具体的事实。

最后,应该培养所有精神活动特质中最朴素简约的特质,我指的是对风格的鉴赏。这是一种审美的能力,它建立在欣赏通过简约的方式直接达到预见的目标。艺术中的风格，文学中的风格，科学中的风格，逻辑中的风格，实际做某件事的风格，从根本上说，都具有相同的审美性质，即实现和约束。爱一个科目本身以及为一个科目本身而热爱它，这种爱是体现于学习中的对风格的热爱，它不是在精神世界徜徉所带来的催人欲睡的快乐。

这样，我们便又回到我们开始讨论的地方，即教育的功用。按风格最完美的意义，它是受教育的文化人最后学到的东西；它也是最有用的东西。风格无处不在。欣赏风格的管理人员讨厌浪费；欣赏风格的工程师会充分利用他的材料；欣赏风格的工匠喜欢精美的作品。风格是智者的最高德性。

然而，在风格之上，在知识之上，还存在着某种东西，一种模糊的东西，就好像主宰希腊众神的命运一样。这个东西就是力。风格是力的塑造，是力的约束。但是，实现理想目标所需要的力毕竟是极为重要的。首先要达到目标。不要为你的风格而烦恼，去解决你的问题，去向人们证明上帝的方法是正确的，去执行你的职责，或者去完成摆在你面前的其他任何任务。

那么风格对我们有什么帮助？风格帮助你直接达到目标，使你避开无关的问题，而不会引出令人讨厌的东西。有了风格，你可以实现你的目标。有了风格，你可以计算出行动的效果，而预见的能力也成为神赐予人类的最后的礼物。风格会增加你的力量，因为你的大脑不会因枝节问题而分心，你将更有可能实现自己的目的。风格是专家独享的特权。谁听说过业余画家的风格？谁听说过业余诗人的风格？风格永远是专业化学习的结果，是专门化研究对文化做出的特有的贡献。

陶行知：我之学校观

按 语

"以学生全人、全校、全天的生活为中心的,才算是活学校。"

这是陶行知的学校观,也是他建立"活学校"的宣言书。

那么,什么样的学校才是"活学校"?在本文中,陶行知提出:活的学校应该以生活为中心,以全部的生活为教育内容,以生活的场所为教育场所;并且,在"活"的学校里,不仅教师须"待学生如亲子弟",而更重要的是学校师生乃至职员的共同生活、共同进步:在人与人、学校与社会的联通中,知识源源而来,学校不断生长。

由此,从"活学校"的内涵出发,可延伸至陶行知教育观中的两大要旨:其一,师生之间的平等共生关系;其二,立足生活、融于生活的教育。

就前者而言,"平等"的共同生活关系,指向了陶行知无阶级、行业、地位之分的"人中人"的教育目标,亦表现为他在文章中所主张的"师生应当相依为命,不能生隔阂,更不能分阶级",以及彼此之间人格"互相感化"、习惯"互相锻炼"。这一点,使蕴含在平民教育中的"平等"之意更加深一层:以"互相感化""互相锻炼"的师生关系塑造,突破彼时平民教育潮流中所隐含的"自上而下"的路线取向,乃至超越"教育救国"之路中的知识分子启蒙传统。

就后者而言,导向了陶行知最著名的"生活教育"观念。他将杜威的"教育即生活""学校即社会"主张"翻了半个筋斗",提出"生活即教育""社会即学校"的主张。这其中的关键在于对"生活"问题的认知。陶行知认为生活是川流不息、无时不变的,故而不可能"以一个小的学校去把社会上所有的一切东西都吸收进来"。唯有让学校和教育随生活之变化而变,甚至化入变化的生活、生长的社会之中,并成为"变化"与"生长"的动因,学校和教育才能"活起来"。换言之,办学与改造社会应是一回事,以"生活教育"打通学校与社会的意义,不仅在于以社会为教或社会生活能力培养,也在于通过融于生活的有计划有目标的教育,实现对生活的改造与重构。如其所言,"它(指教育)是由联系生活引起生活的变化,通过有目标有计划的生活去改造或重构无目标无计划的生活"。

正基于此,陶行知认为只有"活学校"才能为个人和社会谋福祉,也只有"活学校"才能成为改造传统学校、传统教育乃至整个社会生活的力量。

在文章结尾,陶行知提出:"我对于学校悬格并不要高,只希望大家把学校办到一个地步——情愿送亲子弟入校求学,就算好了。"而他一生的办学,从晓庄、工学团、育才到社会大学这一系列的学校,都践行着这一理想,都是"活学校"的典范。与他同时代的梁漱溟先生,便曾将次子梁培恕送至"育才学校"求学,并在陶行知辞世后寄与儿子的"训子书"中言:"不要忘了自己是陶先生的学生。"

任晓栋

本篇原载于1926年11月5日《徽音》月刊第29、30期合刊。文章选自徐莹晖、王文岭编:《陶行知论生活教育》,四川教育出版社。

我之学校观

陶行知

学校的势力不小。他能教坏的变好,也能教好的变坏。他能叫人做龙,也能叫人做蛇。他能叫人多活几岁,也能叫人早死几年。

学校以生活为中心。一天之内,从早到晚莫非生活,即莫非教育之所在。一人之身,从心到手莫非生活,即莫非教育之所在。一校之内,从厨房到厕所莫非生活,即莫非教育之所在。学校有死的有活的,那以学生全人、全校、全天的生活为中心的,才算是活学校。死学校只专在书本上做功夫。介于二者之间的,可算是不死不活的学校。

学校是师生共同生活的处所。他们必须共甘苦。甘苦共尝才能得到精神的沟通,感情的融洽。国家大事、世界大势,亦必须师生共同关心。学校里师生应当相依为命,不能生隔阂,更不能分阶级。人格要互相感化,习惯要互相锻炼。人只晓得先生感化学生,锻炼学生,而不知学生彼此感化锻炼和感化锻炼先生力量之大。先生与青年相处,不知不觉的,精神要年轻几岁,这是先生受学生的感化。学生质疑问难,先生学业片刻不能懈怠,是先生受学生的锻炼。这是不可避免的,也是好现象。总之,师生共同生活到什么程度,学校生气也发扬到什么地步,这是丝毫不可以假借的。李白诗说："黄河之水天上来,奔流到海不复回。"这好比是学生的精神。办学如治水,我们必须以导河的办法把学生的精神宣导出去,使他们能在有益人生的事上去活动。倘不能因势利导,反而强势压制,那么决堤泛滥之祸不能幸免了。

康健是生活的出发点,亦是学校教育的出发点。学问、道德应当有一个活泼稳固的基础,这基础就是康健。俗话说"百病从口入",同志们务必注意,办学校是要从厨房、饭厅办起的。

生活之发荣滋长须有吸收滋养料的容量。学校教职员必须虚心、学而不厌。我以为不但教师要学而不厌,就是职员也要学而不厌,因为既以生活为学校的中心,那么各种事务都要含有教育的意义。从校长起一直到厨司、校工,各有各的职务,即各有各的学问要增进。增进之法有二:一是各有应读之书必须读;二是各有应联之专家同志必须联。一个学校要想有美满的生活,必须和知识的泉源通根水管,使得新知识可以源源而来。

学校生活只是社会生活一部分。学校不是道士观、和尚庙,必须与社会生活息息相通。要有化社会的能力,先要情愿社会化。

学校生活是社会生活的起点。远处着眼,近处着手,改造社会环境要从改造学校环境做起。全校师生应当以美术的精神共同改造学校环境。凡应当改造的,一丝一毫都不肯轻松放过,才能表现真精神。师生不能共同改造学校环境而侈谈社会改造,未免自欺欺人。

高尚的生活精神不用钱买，不靠钱振作，也不能以没有钱推诿。用钱可以买来的东西，没有钱自然买不来；用钱买不来的东西，没有钱也是可以得到的。高尚的精神如同山间明月、江上清风一样，是取之无尽，用之无穷的。没有钱是一事，没有精神又是一事。有钱而无精神和无钱而有精神的学校，我都见识过。精神是不靠钱买的。精神是在我们身上，我们肯放几分精神，就有几分精神。不关有没有钱，只问我肯不肯把精神放出来。

　　我们要学校生活长得敏捷圆满，就得要把他放在光天化日之下。太阳光底下可以滋长，黑暗里面免不掉微生物。所以我主张学校要给人看。做父母的、管学务的，以及纳教育税的人，都要看学校。要学校改良，做校长的、做教员的，都要欢迎人参观批评，以补自己之不足。学校放在太阳光里必能生长，必能继续不断地生长。

　　我对于学校悬格并不要高，只希望大家把学校办到一个地步——情愿送亲子弟入校求学，就算好了。前清往往有办学的人不令子弟入学，时论以为不恕。现今主持省县教育者，亦颇有以子弟无好学校进为虑，甚至送入外人设立学校肄业，真正令人不解。我要有一句话奉劝办学同志，这句话就是："待学生如亲子弟。"

1926年9月20日

章太炎:救学弊论(节选)

按 语

章先生讳炳麟,字枚叔。慕昆山顾炎武之风概,更名绛,字太炎。生于1869年1月12日,卒于1936年6月14日。浙江余杭人,清末民初重要思想家、革命家、教育家。

他的学术轮廓,青年时治经谨守朴学,所疏通证明者,在乎文字器数之间。后民族思想兴,致力于经世济民,遂历览前史,博观诸子,尚荀卿、韩非学说,并及墨翟、庄周研究。继而究心佛学,以为"释迦玄言,出过晚周诸子不可计数,程朱以下尤不足论"。后赴日本,广涉希腊及德国哲学家著作,学梵文,研求印土诸宗学说。至是新知旧学融合无间,作《原道》《原名》诸篇,道清儒所未道,灼然见文化之根本。

《救学蔽论》发表于《华国月刊》第一卷第十二期(1924年8月),此文的内容与他倡导的"国粹"教育论有关,"讲自国的学问,施自国的教育",反对"中国本来没有学说"的历史学虚无主义,以客观精神整理国故,同时批判国粹主义的妄自尊大与盲目乐观。"从中国的实际出发,取西学之长,补中国学说之不足。"该篇言为学当以"高明广大"为宗旨,以"识字""记诵""考辨"为次第,拒侧诡戒躁动,为研究中国学术之进阶。戴震以为论学有三难:"淹博难,识断难,精审难",兼此三长者先生实得之。盖其早年师事俞曲园,服膺段、王诸家而上继戴氏,而朴学仍为其一切学术之根本。

今于章太炎先生诞辰150周年之际,重读旧文,其廓大之襟怀,笃实之治学方法,振聋发聩而鞭辟入里,新意焕然。

王冬亮

救学弊论(节选)

章太炎

士先志,不足以启其志者,勿教焉可也。尊其所闻则高明,行其所知则光大,不足以致高明光大者,勿学焉可也。末世辍学,不能使人人有志,然犹什而得一,及今则亡。诸学子之躁动者,以他人主使故然,非有特立独行如陈东、欧阳澈者也。且学者皆趣侧诡之道,内不充实,而外颇有诼闻,求其以序进者则无有,所谓高明光大者,亦殆于绝迹矣。

凡学先以识字,次以记诵,终以考辨,其步骤然也。今之学者能考辨者不皆能记诵,能记诵者不皆能识字,所谓无源之水,得盛雨为潢潦,其不可恃甚明。然亦不能尽责也。识字者古之小学,晚世虽大学或不知,此在宋时已然。以三代之学明人伦,则谓教字从孝,以《易》之四德元合于仁,则谓元亦从人从二,此又何责于今之人邪?若夫记诵之衰,仍世而益甚,则趣捷欲速为之。盖学问不期于广博,要以能读常见书为务。宋人为学,自少习群经外,即诵荀、扬、老、庄之书。自明至清初,虽盛称理学经学者,或于此未悉矣。

明徐阶为聂豹弟子,自以为文成再传,亦读书为古文辞,非拘于王学者。然陈继儒《见闻录》载其事,曰:吾乡徐文贞督学浙中,有秀才结题用颜苦孔之卓语。徐公批云杜撰,后散卷时,秀才前对曰:此句出《扬子·法言》。公即于台上应声云:本道不幸科第早,未曾读得书。此是明之大儒未涉《法言》也。清胡渭与阎若璩齐名,于易知河洛先天之妄,于书明辨古今水道,卓然成家。然《尚书·蔡沈传》有云陟方乃死,犹言殂落而死。胡氏以为文义不通,不悟殂落而死语亦见《法言》。且扬子于《元后诔》亦云殂落而崩,以此知法言非有误字,必以文义不通为诟,咎亦在扬子,不在蔡沈矣。是清初大儒未涉《法言》也。夫以宋世占毕之士所知,而明清大儒或不识,此可谓不读常见书矣。自惠戴而下,诵览始精,有不记必审求之,然后诸考辨者无记诵脱失之过。顾自诸朴学外,粗略者尚时有。章学诚标举《文史校雠》诸义,陵厉无前,然于汉《艺文志》儒家所列平原老七篇者误仞为赵公子胜,于是发抒狂语,谓游食者依附为之,乃不悟班氏自注明云朱建,疏略至是,亦何以为校雠之学邪?是亦可谓不读常见书者矣。如右所列,皆废其坦途,不以序进,失高明光大之道。然今之学者又不必以是责也。

……

然余观大学诸师,学问往往有成就者,其弟子高材勤业抑或能传其学,顾以不及格者为众,斯乃恶制陋习使然。制之恶者,期人速悟,而不寻其根柢,专重耳学,遗弃眼学,卒令学者所知,不能出于讲义。习之陋者,积年既满,无不与以卒业证书,与往时岁贡生等。故学者虽惰废,不以试不中程为患。学则如此,虽仲尼、子舆为之师,亦不能使其博学详说也。夫学之夆鄙，无害于心术，且陋者亦可转为娴也。适有佻巧之师，妄论诸子，冀以奇胜其侪偶，学者波靡，舍难而就易，持奇诡以文浅陋，于是图书虽备，视若废纸，而反以辨丽有称于时。师以是授弟子，是谓诬徒，弟子以是为学，是谓欺世，斯去高明光大之风远矣。其下者或以小说传奇为教，导人以淫僻，诱人以倾险，犹曰足以改良社会，乃适得其反耳。苟征之以实，校之以所知之多寡，有能读《三字经》者，必堪为文学士，有能记鲍东里《史鉴节要便读》者，则比于景星出黄河清矣。

……

他且勿问，正以汉学言之。汉人不尽能博习，然约之则以《论语》《孝经》为主，未闻以《公羊》为主也。始教儿童皆用《仓颉篇》，其后虽废，亦习当时隶书，如近代之诵《千字文》然，未闻以铜器款识为教也。盖为约之道，期于平易近人，不期于吊诡远人。今既不能淹贯群籍，而又以《论语》《孝经》《千字文》为尽人所知，不足以为名高，于是务为恢诡，居之不疑，异乎吾所闻之汉学也。子夏曰："贤贤易色，事父母能竭其力，事君能致其身，与朋友交言而有信，虽曰未学，吾必谓之学矣。"子夏为文学之宗，患人不能博习群经，或博习而不能见诸躬行，于是专取四事为主。汉世盖犹用其术。降及明代，王汝止为王门高弟，常称见龙在田，其实于诸经未尝窥也。然其所务在于躬行，其言学是学此乐，乐是乐此学者，为能上窥孔颜微旨。借使其人获用，亦足以开物成务，不必由讲习得之。所谓操之至约，其用至博也。诚能如是，虽无识字、记诵、考辨之功何害?是故汉宋虽异门,以汉人之专习《孝经》《论语》者与王氏之学相校,则亦非有殊趣也。

徐阶政事才虽高,躬行不逮王门者旧远甚,即不敢以王学文其舁陋之过。且其职在督学,督学之教人,正应使人读常见书,己不能读而诸生知之,于是痛自克责,是亦不失为高明光大也。若翁潘之守《公羊》执铜器,其于躬行何如?今之束书不观,而以哲学墨辨相尚者,其于躬行复何如?前者既不得以汉学自饰,后者亦不得以王学自文,则谓之诳世盗名之术而已矣。是故高明光大之风,由翁、潘始绝之也。

……

观今学者竞言优秀,优秀者何?则失其勇气,离其淳朴是已。虽然,吾所忧者不止于庸行,惧国性亦自此灭也。夫国无论文野,要能守其国性,则可以不殆。金与清皆自塞外胜中国者也,以好慕中国文化,失其朴劲风,比及国亡,求遗种而不得焉。上溯元魏,其致亡之道亦然。蒙古起于沙漠,入主中夏,不便安其俗,言辞了戾,不能成汉语(观元时诏书令旨可知),起居亦不与汉同化,其君每岁必出居上都,及为明所覆,犹能还其沙漠,与明相争且三百年。清时蒙古已弱,而今喀尔喀犹独立也。匈奴与中国并起,中行说告以勿慕汉俗,是故匈奴虽为窦宪所逐,其遗种存者犹有突厥、回纥横于隋唐之间,其迁居秦海者,则匈牙利至今不亡。若是者何也?元魏金清习于汉化,以其昔之人为无闻知,后虽欲退处不毛,有所不能。匈奴蒙古则安其士俗自若也。夫此数者悉野而少文,保其野则犹不灭,失其野则无噍类,是即中国之鉴矣。

……

吾论今之学校先宜改制,且择其学风最劣者悉予罢遣,闭门五年然后启,冀旧染污俗悉已湔除,于是后来者始可教也。教之之道,为物质之学者,听参用远西书籍,唯不通汉文者不得入。法科有治国际法者,亦任参以远西书籍授之。若夫政治经济,则无以是为也。然今诸科之中,唯文科最为猖披,非痛革旧制不可治。微特远西之文徒以绣其鞶帨,不足任用而已,虽所谓国学者,亦当有所抉择焉。夫文辞华而鲜实,非贾傅、陆公致远之言。哲学精而无用,非明道定性象山立大之术。欲骤变之,则无其师,固不如已也。说经尚矣,然夫穷研训故,推考度制,非十年不能就。虽就或不能成德行,不足以发越志趣。必求如杜林、卢植者以为师,则又不可期于今之教员也。此则明练经文,粗习注义,若颜之推所为者,亦可以止矣。欲省功而易进,多识而发志者,其唯史乎?其书虽广,而文易知,其事虽烦,而贤人君子之事与夫得失之故悉有之。其经典明白者,若《周礼》《左氏内外传》,又可移冠史部,以见大原。(昔段若膺欲移《史记》《汉书》《通鉴》为经,今移周礼左氏为史,其义一也。)其所从入之途,则务于眼学,不务耳学。为师者亦得以余暇考其深浅也。如此则诡诞者不能假,慕外者无所附,顽懦之夫亦渐可以兴矣。厥有废业不治,积分不足者,必不与之卒业证书。其格宜严而不可使滥,则虽诱以罢课,必不听矣。

……

吾所以致人于高明光大之域，使日进而有志者，不出此道。史学既通，即有高材确士欲大治经术，与明诸子精理之学者，则以别馆处之。诚得其师，虽一二弟子亦为设教。其有豪杰问出，怀德藻真，与宋明诸儒之道相接者，亦得令弟子赴其学会。此则以待殊特之士，而非常教所与也。能行吾之说，百蠹千穿，悉可以使之完善。不能行吾之说，则不如效汉世之直授《论语》《孝经》，与近代之直授《三字经》《史鉴节要便读》者，犹愈于今之教也。

节选自《华国月刊》第一卷第十二期（1924年8月）

马一浮:论西来学术亦统于六艺

按 语

马一浮先生素有"现代三圣""民国七贤"之誉,其一生在学术上建树极大。他通英、法、日、德、西班牙、拉丁、梵文等多种文字,是引进马克思《资本论》德文版、英文版的中华第一人,亦深研国学经典、会通儒佛,对儒家"心性""义理"之学颇有发展。梁漱溟称之为"千年国粹,一代儒宗"。

1938年,马一浮在浙江大学(彼时因战乱迁徙至江西泰和)开设"国学讲座",提出其著名论断"六艺该摄一切学术"。"六艺"之教,随之成为马一浮在学术与教育上的核心主张。他以"六经"为"六艺",在讲学中言:"天下万事万物不能外于六艺,六艺之道,不能外于自心。"进而认为,在社会不平、以邻为壑的国际局势中,惟有"六艺之学",方为安顿人心、消除国族纷争、促进世界美善之根本归宿。是故,"天地一日不毁,此心一日不亡,六艺之道亦一日不绝。人类如欲拔出黑暗而趋光明之途,舍此无由也"。

马一浮的"六艺"之教,或者说其"六艺该摄一切学术"之论断,包含三重意旨。其一,就中国古典知识体系而言,六艺统摄诸子与四部。其二,就儒家的"成人"之教而言,六艺统摄于人心,能使外在于"我"的经典之学、知识之教,转化为内在于"我"的"仁心"省悟,从而使人成就性德、由"仁"行"道"。其三,就不同知识类型与系统而言,六艺"不唯统摄中土一切学术,亦可统摄现在西来一切学术"。亦即,意在使人发显"仁心""变化气质"

的"六艺"之教,亦当统摄以客观理性、知识分科为特征的"西学"体系。这便是本文的核心主张——"西来学术亦统于六艺"。

尽管从现代学术的角度来看,马一浮的"六艺"论难免偏颇,也因此自提出后即常受批评。但在马一浮这里,提倡"六艺"之学,并非主张一门学问,而是意在借由"六艺"通达于"道",即追求一种具有普遍意义的道德理想和教育理想。进一步说,马一浮的"六艺"之教实为一种"内圣"之学,故而与专门的知识或科学明显不同,其重心在于以"知"通向人的内在"心性",恢复人的"本然之善"。也正基于此,亦即对"道"或普遍之"美""善"的追求,使其在"致知"与"为学"层面,注重通达于"心"的"统摄"和会通,而非着眼于"身"或客观世界的知识分科、学术分类。这也是马一浮对西方学科分类原则下的科学发展与知识教育颇有批评的缘由:使人局限于特定领域而不能把握整体,乃至沉迷于形下的物质世界而忽略了人之内在心性。他甚至认为,西方学术制度中的知识门户之分、类目之隔,其背后所隐藏的正是人心之"私",并进一步带来"己心"与"他心"、人心与世界的隔绝。而"六艺"之教则正与之相反:从"人心同然之理"出发,以"心之全德"感通"宇宙万物"之"理",进而于"天理流行"之根本处,促进"世界之美善"。

沿此思路而来,不难看出,马一浮强调"统摄"与会通的"六艺"之学,其根本意图在于导向一种具有"普遍真理"之意的"道"。进一步说,在面对何以"成人"的教育理想时,马一浮选择了这样一条道路:借由"普遍真理"和超越价值,实现"完全人格"之养成,进而通向具有"公共心"以及对国家社会"可以担当大事"之人的塑造。更重要的是,其"上达""圣人之道"的"六艺之学",尽管从中国文化传统出发,蕴含"发扬民族精神"之本心,却并非民族主义的,而更携有重塑人类文明道路的理想,"不独望吾国人兴起,亦望全人类兴起"。换言之,马一浮着力以"六艺之教"所保存与发展的人之"天赋高尚纯美勇猛之性",是具有普遍意义的人之内在本性,不仅导向中国人的安身立命、身心安顿,更导向国族纷争之消除、世界美善之完成。

以上为本文的相关背景与内容延伸。

任晓栋

本文录自马一浮《泰和会语》,崇文书局,2019年。

论西来学术亦统于六艺

马一浮

六艺，不唯统摄中土一切学术，亦可统摄现在西来一切学术。

举其大概言之，如自然科学，可统于"易"，社会科学（或人文科学）可统于"春秋"。因"易"明天道，凡研究自然界一切现象者，皆属之。"春秋"明人事，凡研究人类社会一切组织形态者，皆属之。董生曰："不明乎《易》，不能明《春秋》。"如今治社会科学者，亦需明自然科学，其理一也。物生而后有象，象而后有滋，滋而后有数。今人以数学、物理为基本科学，是皆"易"之支与流裔。以其言，皆源于象数。而其用在于制器。《易传》曰："以制器者尚其象。"凡言象数者，不能外于"易"也。

人类历史过程，皆由野而进于文，由乱而趋于治。其间，盛衰兴废、分合存亡之迹，蕃变错综。欲识其因应之宜、正变之理者，必比类以求之，是即"春秋"之比事也。说明其故，即"春秋"之属辞也。属辞以正名，比事以定分。社会科学之义，亦是以天道名分为归。凡言名分者，不能外于"春秋"也。文学艺术统于"诗""乐"，政治经济法律统于"书""礼"，此最易知。宗教虽信仰不同，亦统于"礼"，所谓亡于礼者之礼也。哲学思想派别虽殊，浅深小大亦皆各有所见,大抵,本体论近于"易",认识论近于"乐",经验论近于"礼"。唯心者,"乐"之遗。唯物者,"礼"之失。凡言宇宙观者,皆有"易"之意。言人生观者,皆有"春秋"之意。但彼皆各有封执,而不能观其会通。庄子所谓"各得一察焉以自好,各位其所欲以自为方"者,由其习使然。若能进之以圣人之道,固皆六艺之材也。道一而已,因有得失,故有同异,同者得之,异者失之。《易》曰:"天下同归而殊途,一致而百虑。天下何思何虑。"暌而知其类,异而知其通,夫何隔碍之有。克实言之,全部人类之心灵,其所表现者,不能离于六艺也。故曰:"道外无事,事外无道。"因其心智有明有昧,故见之行事有得有失。孟子曰:"行之而不著焉,习矣而不察焉,终身由之而不知其道者,众也。"彼虽或得或失,皆在六艺之中,而不自知其为六艺之道。《易》曰:"百姓日用而不知。"其此之谓矣。苏子瞻有诗云:"不识庐山真面目,只缘身在此山中。"岂不信然哉!

学者当知,六艺之教,固是中国至高特殊之文化。唯其可以推行于全人类,放知四海皆准,所以至高。唯其为现在人类中尚有多数未能了解,"百姓日用而不知",所以特殊。故今日欲弘六艺之道,并不是狭义的保存国粹,单独的发挥自己民族精神而止,是要使此种文化普遍的及于全人类,革新全人类习气上之流失,而复其本然之善,全其性德之真,方是成己成物,尽己之性,尽人之性,方是圣人之圣德大业。若于此信不及,则是于六艺之道,犹未能有所入,于此至高特殊的文化,尚未能真正认识也。诸君勿疑此为估价太高,圣人之道实是如此。世界无尽,众生无尽,圣人之愿力亦无有尽。人类未来之生命方长,历史经过之时间尚短,天地之道,只是个"至诚无息",圣人之道,只是个"纯亦不已",往者过,来者续,本无一息之停。此理决不会中断,人心决定是同然。若是西方有圣人出,行出来的也是这个六艺之道,但是名言不同而已。

诸生当知:六艺之道是前进的,决不是倒退的,切勿误以为开倒车;是日新的,决不是腐朽的,切勿误为重保守;是普遍的,平民的,决不是独裁的,不是贵族的,切勿误为封建思想。要说解放,这才是真正的解放;要说自由,这才是真正的自由;要说平等,这才是真正的平等。西方哲人所说的真善美,皆包含在六艺之中。"诗""书"是至善,"礼""乐"是至美,"易""春秋"是至真。《诗》教主仁,《书》教主智,合仁与智,岂不是至善么?《礼》是大序,《乐》是大和,合序与和,岂不是至美么?《易》穷神知化,显天道之常,《春秋》正名拨乱,示人道之正,合正与常,岂不是至真么?诸生若于六艺之道,深造有得,真是左右逢源,万事皆备。所谓尽虚空,遍法界,尽未来际,更无有一事一理,能出于六艺之外者也。

吾敢断言:天地一日不毁,人心一日不灭,则六艺之道炳然长存。世界人类一切文化最后之归宿,必归于六艺。而有资格为此文化之领导者,则中国也。今人舍弃自己无上之家珍,而拾人之土苴绪余以为宝,自居于下劣,而奉西洋人为神圣,岂非自愚而可哀?诸生勉之,慎勿安于卑陋,而以经济落后为耻,以能增高国际地位,遂以为可矜。

须知今日为头等国者,在文化上实是疑问,须是进于六艺之教,而后始为有道之邦也。不独望吾国人之兴起,亦望全人类兴起,相与坐进此道。勉之!勉之!

袁世凯、张之洞等：
奏请立停科举推广学校折

按 语

清末停科举、开学校，是中国教育史上具有革命意义的一个新开端。

1905年，时任直隶总督兼北洋大臣的袁世凯联合湖广总督张之洞、两江总督周馥、两广总督岑春煊等官员，向清廷递上由袁氏主笔的《奏请立停科举推广学校折》，提出"故欲补救时艰，必自推广学校始，而欲推广学校，必自先停科举始"，奏请停止科举考试，推广西式学校，培养西式人才。该奏请得到批准。1906年，清政府停止所有乡试、会试和各省岁试。自此，中国延续千余年的科举制度得以废除，新式学校亦由之得以全面推广、迅速发展。美国社会学家罗兹曼在其著作《中国的现代化》中曾评价科举之废，言："科举制度的废除，代表着中国已与过去一刀两断，其意义大致相当于1861年沙俄废除农奴制和1868年明治维新后的废藩。"事实上，1903年袁世凯、张之洞即曾联合上奏《请递减科举中额专注学校折》并被采纳。清廷颁布《学堂章程》，规定自1906年起减少科举名额、增加学堂考试录取名额，待各省学堂办理齐备后再完全停止科举。1905年的《奏请立停科举推广学校折》，实为此后续之举。

尽管袁世凯一直颇具争议，并因复辟等事而为人不齿，但在办新学、兴教育上却颇有建树，与张之洞一道，直接推动了中国教育的近现代转型。就兴新学办教育一事而言，袁氏在清末民初亦堪称一代翘楚、一时楷模。

袁世凯的教育主张,与彼时中国积贫积弱、内忧外患的社会局势以及时人"富国强兵"之述求密切相关。就任大总统后,1915年初袁氏相继颁布《教育要旨》和《特定教育纲要》两个文件,以"注重道德、实利、尚武,并运之实用"为教育宗旨,而后又进一步提出"以道德教育为经,以实利教育、尚武教育为纬;以道德实利、尚武为体,以实用教育为用"。尽管袁氏倒台后这两个文件均遭废除,但当时亦有人注意到《纲要》中的积极作用。数年之后,教育家余家菊在总结中国教育革新事业成效甚微之原因时认为:国人"喜欢另起炉灶,而不愿将计就计;肤浅的更张多,彻底的实验少;吾国革新事业之无成,其亦有受病于此乎"。

袁世凯曾言,其一生引以为荣的两大志业:一为练兵、二为办学。袁世凯以练兵起家,但办学在其心中分量更重。一方面,他重视军校建设,因之当时军校云集于保定,使保定成为中国近代最大的军事教育基地,更被视为中国陆军的摇篮。其中影响最大的是武备学堂,主要培养初级军官,是当时中国规模最大的军校;而1906年创立的保定军官学堂,则教授高等军事科学理论,张治中等名将即由此出。另一方面,袁世凯亦颇重普通教育和专门教育,譬如:1901年于济南创办大学堂,拟定试办章程;1905年在天津小站镇开办电讯学堂。并且,在女子教育方面亦为彼时开先河者。中国女子教育之倡导起于康梁维新派,而真正把女子教育纳入近代教育体系并获成效的,则是袁世凯在直隶的办学。袁世凯视女子教育为"家庭教育之根源,培植人才之基础",故而倡办女子教育不遗余力。1904年下令办天津公立女学堂,是天津也是直隶最早的公立女学堂;1905年下令创办北洋高等女学堂;而他办的最多的女子学堂则是官立女子小学堂,仅天津一地就有11所之多。

尤其值得一提的是，袁世凯在师范教育发展上颇有贡献。袁氏认为教育之兴首在师资充沛，师范教育乃是教育本源。曾言，"育才莫先兴学，兴学莫重于得师"，"各省学堂之不多，患不在于无款无地，而在无师"。故而，他极重视师范教育，先后创设保定师范学堂、天津高等师范学堂以及各州县师范学堂、师范传习所共达90余所；其恢复重建的北洋大学也专门增设师范科，为中学堂培养师资。可以说，当时直隶新式教育发展迅速，与袁世凯重视师范教育有极大关联。

任晓栋

奏请立停科举推广学校折

袁世凯、张之洞 等

奏：

为时艰日迫，亟图补救，拟请立停科举推广学校，并妥筹办法以期有利无弊，恭折会陈，仰祈圣鉴事。

窃维科举之弊，古今人言之綦详，而科举之阻碍学堂，妨害人才，臣世凯、臣之洞等亦迭经陈奏，久在圣明昭鉴之中，无须缕述，以渎宸听。是以前奉谕旨递减科举中额，期以三科减尽，十年之后取士概归学堂，固以明示天下以作新之基，而俟夫时机之至。所以为兴学培才者，用意至为深远。臣筹默观大局，熟察时趋，觉现在危迫情形，更胜曩日，竭力振作，实同一刻千金，而科举一日不停，士人皆有侥幸得第之心，以分其砥砺实修之志。民间更相率观望，私立学堂者绝少，又段非公家财力所能普及，学堂绝无大兴之望。就目前而论，纵使科举立停，学堂遍设，亦必须十数年后，人才始盛。如再迟之十，甫停科举，学堂有迁延之势，人才非急切可成，又必须二十余年后，始得多士之用。强邻环伺，讵我能待。近数年来，各国盼我维新，劝我变法。每疑我拘索旧习，讥我首鼠两端，群怀不信之心，未改轻侮之意。转瞬日俄和议一定，中国大局益危。斯时必有殊常之举动，方足化群疑而消积侮。科举夙为外人诟病，学堂最为新政大端，一旦毅然决然，舍其旧而新是谋，则风声所树，观听一倾，群且刮目相看，推诚相与。而中国士子之留学外洋者，益知进身之路归重学堂一途，益将励志潜修，不为邪说浮言所惑，显收有用之才俊，隐戢不虞之诡谋。所关甚宏，收效甚巨。且设立学堂者，并非专为储才，乃以开通民智为主，使人人获普及之教育，具有普通之智能，上知效忠于国，下知自谋其生也。其才高者固足以佐治理，次者亦不失为合格之国民，兵农工商，各完其义务而分任其事业，妇人孺子，亦不使佚处而兴教于家庭。无地不学，无人不学，以此致富奚不富，以此图强奚不强。故不独普之胜法，日之胜俄，识者皆归其功于小学校教师，即其他文明之邦，强盛之源，亦孰不基于学校。而我国独相形见绌者，则以科学不停，学校不广，士心既莫能定，民智复无由大开，求其进化日新者难矣。故欲补救时艰，必自推广学校始，而欲推广学校，必自先停科举始。拟请宸衷独断，雷厉风行，立沛纶音，停罢科举，庶几广学育才，化民成俗，内定国是，外服强邻，转危为安，胥基于此。虽然，科举停矣，尚有切要之办法数端，而学堂乃可相维于不敝。

一、在于尊经学也。或虑科举一停，将至荒经。不知习举业者，未必皆湛深经术，但因科场题目所在，不得不记诵经文，又因词章敷佐之需，不得不拾掇经字，故自四书五经而外，他经多束置不观，即五经亦不皆全读，读者亦不尽能解，是何与于传经。经学堂奏定章程，首以经学根柢为重。小学、中学皆限定读经、讲经、温经，晷刻不准减少。计中学毕业，共需读过十经，并通大义。而大学通儒院，更设有经学专科，余如文学、史学、理学诸门，凡旧学所有者均包括无遗，且较为详备。盖为保存国粹，尤为兢兢。所虑办学之人，喜新厌故，不知尊经，则虽诸生备谙各种科学，亦仅造成一泛滥无本之人才，何济于用。应请敕下各省督抚、学政责成办理学务之员，注意经学暨国文、国史，则旧学虽但不虞荒废，抑且日渐昌明。

二、在于崇品行也。查科场试士，但凭文字之长短，不问人品之贤否。是以暗中摸索，最足为世诟讥。今学堂定章，于各科学外，另立品行一门，亦用积分法与各门科学一体考核，同记分数，共分言语、容止、行礼、做事、交际、出游六项，随处稽查，第其等差。至考试时亦以该生平日品行分数，并计核算。亟应申明定章，请敕各省认真遵办，则人人可期达才成德，自不至越矩偭规。

三、师范宜速造就也。各地学堂之不多，患不在无款无地，而在无师。应请旨切敕各省，多派中学已通之士出国就学，分习速成师范与完全师范两种，尤以多派举贡生员为善，并于各省会多设师范传习所。师资既富，学自易兴。此为办学入手第一要义，不可稍涉迟缓。

四、未毕业之学生暂勿率取也。各省设立学堂，迟早不一，程度不齐，或卒业有期，或毕课尚早。若不待毕业，骤加考试，则苟且速化，弊将日滋，若必待全行毕业，则各省之办学较迟者，必至缺其选举，士林又将失望。今筹一通融办法，既不同科举之敷衍故事，亦不向学堂而迁就溢登，要使取士仍归学堂之中，学堂不蹈科举之弊。拟请此

247

数年内,除学堂实系毕业者,届期奏请考试外,其余则专取已经毕业之简易科师范生,予以举人、进士出身,既可以劝教育之员,扩兴学之基,并隐以励绩学而杜幸进。外国无速成小、中、高等各学,而有速成师范学,具有深意。至五年以后,完全师范生毕业者已多,更足以应选举而有余。此等师范生,类皆国文已优,学术纯谨,断无流弊。且多系举贡生员为之,本可以得科第之人,亦非侥幸。迨十年以后,各省学堂,逐渐毕业,人才济济,更可不穷于用。

五、旧学应举之寒儒,宜筹出路也。文生失职,生计顿蹙。除年壮才敏者,入师范学堂外,其不能为师范生者,贤而安分则困穷可悯,不肖而无赖而致为非生事,亦甚可忧。拟请十年三科之内,各省优贡照例举行,乙酉科拔贡,亦照旧办理,皆仍由旧学生员中考取,其以入学堂者,照章不许应考。惟优贡之额过少,拟请按省份之大小,酌量增加,分别录取。朝考后用于京官、知县等项。三科后即行请旨停止,其已中举人五贡者,此三科内拟令各省督抚学政,每三年一次保送举贡若干名,略照会试中额加两三倍送京考试。凡算学、地理、财政、兵事、交涉、铁路、矿务、警察、外国政法等事,但有一长皆可保送。俟考试时分别去取,试以经义、史论一场,专门学一场,共两场。其取中者酌量用为主事、中书、学政、知县等官。如此则乡试虽停,而生员可以得优拔贡。会试虽停,而举贡可以考官职。正科举之名,专归于急需之学堂;广登进之途,藉恤夫旧学之寒士。庶乎平允易行,各得其所,少长同臻于有用,新旧递嬗于无形矣。

以上五条，皆停科举后最为切要之端，而行之可期无弊，应请一并敕下各省督抚学政切实遵办。至各省学堂未办者宜从速提倡，已办者应极力扩充，以及各堂学生之良莠，与夫办理学务人员之功过，均应随时认真考察，分别劝惩，亦皆各省督抚学政不得稍辞其责者也。其一切学堂之毕业考试暨简放考官等事，自应悉遵奏定章程办理。

臣等为补救时艰，妥筹办法起见，往复商榷，意见相同。是否有当？谨合辞恭折具陈。

伏祈皇太后、皇上圣鉴、训示。谨奏。

直 隶 总 督　臣　袁世凯
盛 京 将 军　臣　赵尔巽
湖 广 总 督　臣　张之洞
署理两广总督　臣　岑椿萱
署 两 江 总 督　臣　周　腹
湖 南 巡 抚　臣　端　方

编后记

"已识乾坤大,犹怜草木青"

"已识乾坤大,犹怜草木青。"

这曾是马一浮先生的心绪,或亦可为他们这一代教育家精神气度与知行之道的映照。

在中国文化传统中,教育的使命始终与"立人""求道"密不可分。它蕴藉于儒家"仁"的思想脉络中,直指以成就性德为核心的人之塑造,亦与理想社会营建息息相关。孔子以降,中国的教育家,大多心怀社会改造乃至文化托命的"深心大愿"与经世理想。在这个意义上,他们的教育事业,实则超越了现今以学校教学、知识传授为中心的狭义的教育,而更突显其"化育"之功。进一步说,这是人之塑造和社会塑造的浑融共构。

中国以儒家教育为代表的传统教育,常被称为"为己之学",以"成人"为根本目标。如何"做人"的问题,由之居于核心位置。"成人"之教,强调在人之"天性流行"中完成德性修养,以带有圣贤人格的"大我"塑造为理想:由"己心"旁通"他心"、上通"天心",进而"洞彻一己与天地万物共有之大生命"。熊十力曾对孔子的"古之学者为己"做出阐释,"其所谓己,乃指大生命,所谓大我是也"。在"成人"之教的视野中,儒家视为贯通"天人"的"道",并非以外在力量来转化一个人使之"成德",而是人基于其自身去推衍和发展"道"。故而,儒家教育所强调的"为学",即为"做人"。每个人终其一生的"为学"过程,实际上也是他"做人"的过程——不断充实和实现自己的可能性,不断趋于"善"、近于"道"。"学以为己""学以成人"的意义正在于此。

从思想源流上看,从梁启超到蔡元培、马一浮、梁漱溟、陶行知这一代人,他们的教育思想在很大程度上,颇受中国传统的"成人"之教的影响——以"立人"为教育之根本,强调在"做人"的过程中不断自我觉悟和自我发展。

然而,他们所面对的社会情境与时代问题,与古典中国已截然迥异。彼时中国,正处于所谓"过渡时代",不仅社会危机深重,更面对着思想与社会的古今之变、中西之争。这其中所牵动的,不只在于救亡图存、富国强兵的迫切需求,更在于"中国向何处去"的社会发展路向之探索与论争。因此,教育的问题,不仅是何以"立人"的问题,同样也是何以"立国"的问题。

但作为教育家,他们依然在矢志于社会改造的同时,将目光聚焦于真切而具体的每一个"人"及其"人生"上。因此,在那个"三千年未有之大变局"中,在面对何以救国族于危亡、扶大厦之将倾的"社会问题"时,他们将目光重新投向了问题的发端——人与人的生活;试以人心涵养、生活重建的"成人"之教,让"中国人活起来"。

他们皆非复古主义者。痛感于"国家"不立、文化"失败"之困局,试图给出基于"新民"/"新人"塑造的"中国问题"的解决之道。他们亦非"全盘西化"者。于彼时所高扬的科学、民主两大旗帜之外再寻根由,试图以人生态度的昭苏与重塑,奠下使中国社会自萌生机之根本。

因着"立人"理想,在国族存亡的社会危机中,面向"人之塑造"的教育目标始终得以坚守,未被"宏大叙事"的国家目标所吞没。或者说,在最终指向社会改造的教育潮流中,"成人"之教的底色,使"塑造人"的教育目标始终未被"塑造共鸣"所取代。同时,又因着"立国"志愿,在"塑造人"的教育中,承自儒家传统、带有圣贤理想的"成人"之教,被进一步赋予了一重"社会"的维度。或者说,作为新社会营造之根基的"人",成为"社会中人","公"与"群"的意义由此得以突显。这便使新历史情境下的"成人"之教,需要处理两个层面的问题:一是个人与社会的关系,亦为群己关系;二是如何实现从"人"到"人人"的转化,亦即如何以"成人"之教来"造社会"。可以说,这是当时的教育家们,在教育、思想、社会的整体变革中,所面对的一大核心问题。

人之塑造与社会塑造,这双重任务的交织,使彼时的教育面临更复杂的问题与更深层的困难;也使教育家们的思考与实践,处在更大的思想与现实张力之中。基于此,本书所选文章,以中国社会现代转型期的教育家、思想家的教育名篇为主体。同时,选入对其影响较大的西方教育哲学家(如杜威、怀特海等人)的经典文章,以及中国古代教育史中的名篇(如韩愈的《师说》),形成互为镜鉴、彼此呼应的古—今、中—西两条线索;试以此将教育思想与实践,置于更开阔、更长远的历史情境中,进而在中国社会现代转型的时代语境里,略窥中国现代教育思想之形塑。

本书所录文章,均源自中国美术学院中国艺术教育研究院公众号所推"温故"系列与"纪念"系列文章,也是研究院所编"教育思想史名篇选读"系列的第一本著作。我们希望在未来几年,继续聚焦人文教育思想领域,持续整理推出更多经典文章,试以之对当前的高等艺术教育、社会美育以及艺术人文通识教育等有所助益。本书的编辑出版,特别是对教育思想大家的经典文章收集与导读,以及研究院的日常学术工作,颇赖袁安奇、张晨、王世桦、卢雅玲、黄丹绵、张文英、许扬婷等诸多同事的共同努力,在此予以特别致谢,同时,亦感谢中国美术学院出版社的支持。最后,本书的出版,更离不开中国美术学院原院长、中国艺术教育研究院副院长高世名教授的大力支持和鼓励,在此亦致以诚挚谢意。

任晓栋
2024年8月

责任编辑　章腊梅
装帧设计　陈施敏　张　晨
责任校对　杨轩飞
责任印制　张荣胜

图书在版编目(CIP)数据

真正地完成人们的生活：教育思想史名篇选读 / 任晓栋编. -- 杭州：中国美术学院出版社, 2024.12.
ISBN 978-7-5503-3573-8
Ⅰ.G40-092
中国国家版本馆CIP数据核字第20241XC102号

真正地完成人们的生活：教育思想史名篇选读

任晓栋　编

出 品 人：祝平凡
出版发行：中国美术学院出版社
地　　址：中国·杭州南山路218号　邮政编码：310002
网　　址：http:// www.caapress.com
经　　销：全国新华书店
印　　刷：杭州捷派印务有限公司
版　　次：2024年12月第1版
印　　次：2024年12月第1次印刷
印　　张：8.25
开　　本：787mm×1092mm 1/32
字　　数：220千
印　　数：0001—1000
书　　号：ISBN 978-7-5503-3573-8
定　　价：78.00元